LE LIVRE

DU

BON SOLDAT

EXEMPLES DE PATRIOTISME

APPLIQUÉS A LA THÉORIE

PAR

JULES MAURIE

Capitaine du Service des étapes et des chemins de fer

ET

ADRIEN BASILE

Ex-Professeur de l'Université.

PARIS
LIBRAIRIE MILITAIRE DE L. BAUDOIN
IMPRIMEUR-ÉDITEUR
30, Rue et Passage Dauphine, 30

1893
Tous droits réservés.

A la même librairie :

Loi du 15 juillet 1889 sur le recrutement de l'armée, annotée et mise à jour. Paris, 1892, br. in-8. 50 c.

Guide du soldat d'infanterie dans l'armée active, la réserve et l'armée territoriale ; par le lieutenant **Casanova**, instructeur à l'École militaire préparatoire d'infanterie des Andelys. Paris, 1892, 1 vol. in-18 cartonné avec figures et planches en couleurs. . . . . 75 .

Catéchisme ou instruction technique et morale du fantassin en campagne ; par le commandant P. **Durand**, chef de bataillon au 57ᵉ d'infanterie. Paris, 1890, 1 vol. in-18 cartonné. . . . . 1 fr. 50

Manuel du soldat d'infanterie. Nouvelle édition, entièrement revue, augmentée et mise en harmonie avec les nouveaux règlements. Paris, 1893, 1 vol. in-18 cartonné . . . . 75 c.

Manuel de théories dans les chambres sur l'éducation du soldat d'infanterie ; par E. **Gastinieau**, capitaine au 94ᵉ régiment d'infanterie. 2ᵉ édition. Paris, 1884, 1 vol. in-18, cartonné. 75 .

Manuel d'instruction pratique du soldat d'infanterie ; par E. **Gastinieau**, capitaine au 91ᵉ régiment d'infanterie. Paris, 1880, 1 vol. in-18 cart. 75 c.

Manuel de l'élève caporal, rédigé conformément au programme annexé à l'instruction du 19 novembre 1884 sur l'organisation d'un peloton d'instruction dans les corps de troupe d'infanterie. 6ᵉ édition refondue et mise à jour. Paris, 1893, 1 fort vol. in-18 de 600 pag. avec figures, cartonné. . . . . 2 fr

Théories sur les devoirs moraux du soldat. — Paris, 1885, 1 vol. in-18 cartonné. . . . . 60 c.

Instruction et éducation du soldat. — **Devoirs moraux du soldat.** Préceptes et exemples ; par le commandant E. **Poirot**, du 139ᵉ régiment d'infanterie. 2ᵉ édition. Paris, 1888, 1 vol. in-18 . . . . 1 fr.

Manuel du soldat ordonnance de l'officier. 2ᵉ édition. Paris, 1891, 1 vol. in-18 cart. toile. 1 fr. 25

Paris. — Imprimerie L. BAUDOIN, 2, rue Christine.

Lh 1/65

LE LIVRE

DU

BON SOLDAT

SOUVENIR DU RÉGIMENT

LE LIVRE DU BON SOLDAT

appartenant à _____ _____

   CLASSE _____   M^le _____

_____^e Corps ...... Général _____

_____^e Division .... Général _____

_____^e Brigade .... Général _____

_____^e Régiment d _____

   Colonel _____

   Chef d _____

   Capitaine _____

   Lieutenant _____

   S.-Lieutenant _____

LE LIVRE
DU
BON SOLDAT

EXEMPLES DE PATRIOTISME

APPLIQUÉS A LA THÉORIE

PAR

JULES MAURIE
Capitaine du Service des étapes et des chemins de fer

ET

ADRIEN BASILE
Ex-Professeur de l'Université.

PARIS
LIBRAIRIE MILITAIRE DE L. BAUDOIN
IMPRIMEUR-ÉDITEUR
30, Rue et Passage Dauphine, 30

—

1893
Tous droits réservés.

PRÉFACE

L'instruction ministérielle du 30 mai 1883 prescrit de « donner à la troupe cette édu-
« cation et cet enseignement du devoir mili-
« taire qui, en élevant le niveau moral des
« hommes, déterminent en même temps de
« la façon la plus nette leurs obligations
« professionnelles. »

D'un autre côté, une circulaire du ministre de la guerre de 1887 dit :

« Les chefs de corps et tous les officiers veillent avec le plus grand soin sur l'éducation militaire à donner aux jeunes soldats.

« Développer en eux les qualités fondamentales de la discipline, l'amour du devoir, le respect aux ordres des chefs, c'est assurer aux armées de la République la force nécessaire pour opposer une résistance victorieuse aux dangers qui peuvent menacer notre pays.

« Dans ce but, les officiers de tout grade devront s'appliquer d'une manière incessante à développer dans le cœur de leurs hommes les grandes idées de sacrifice et de dévouement à la patrie. L'évocation de nos gloires nationales, la lecture des historiques des corps de troupe sont des moyens puissants d'éducation militaire que les commandants de compagnie ne devront pas négliger de mettre en œuvre.

« Signé : Général FERRON. »

Dans ce livre sans prétention, nous avons essayé d'atteindre le but indiqué par les prescriptions ministérielles.

Il ne nous a pas été difficile de trouver, dans ce champ si vaste des actions héroïques de nos soldats, les exemples de courage et de patriotisme que nous avons rattachés aux théories militaires.

Si nous pouvons réussir à aider ceux qui, à tous les degrés, consacrent leur temps et leurs soins à nous faire une armée grande, forte, patriote, digne de la France, notre ambition sera satisfaite.

LES AUTEURS.

LE LIVRE

DU

BON SOLDAT.

AUX SOLDATS !

Jeunes soldats !

Vous êtes le bras armé de la Patrie ! vous êtes, aujourd'hui, son Espoir et sa Force, comme demain vous serez sa Gloire.

L'histoire de vos héroïques devanciers est écrite aux plis du drapeau tricolore. C'est un héritage de nobles traditions que vous avez pour devoir de continuer, sous peine d'ingratitude et de forlignage.

Vous devez vous montrer les dignes descendants de ces « va-nu-pieds superbes » dont Valmy, Jemmapes, Fleurus, Iéna rappellent les glorieux exploits.

Il vous faut avoir ces qualités morales qui en firent les premiers soldats du monde et les vainqueurs de la coalition.

Le bruit du canon d'alarme avait été pour eux la voix de la Patrie sonnant le pas de charge contre l'étranger. Mais, avant tout, comme on l'a si bien dit : « La Liberté sublime emplissait leurs pensées ! »

Ils avaient un idéal !

Ils savaient qu'ils luttaient pour la France et les Droits que l'Homme venait de conquérir.

C'est cet idéal qui les a faits ce qu'ils furent, et c'est ainsi qu'on a pu dire d'eux :

> « Les humbles paysans s'étaient levés héros !
> A vingt ans, s'ils vivaient, ils étaient généraux,
> Et s'ils mouraient, martyrs ! ... »

Puisse-t-il aussi animer vos esprits, élever vos âmes, grandir vos courages, susciter vos enthousiasmes !

Puissiez-vous le trouver dans ce modeste livre !

Puissiez-vous y puiser, avec l'admiration de vos anciens, le culte de la France et les réconfortantes espérances en un glorieux avenir !

Janvier 1893.

Jules MAURIE.   Adrien BASILE.

LE SOLDAT.

Dans la France, que tout divise,
Quel Français a pris pour devise
Chacun pour tous, tous pour l'État ?
    Le Soldat !

Dans nos heures d'indifférence,
Qui garde au cœur une espérance
Que tout heurte et que rien n'abat ?
    Le Soldat !

Qui fait le guet quand tout sommeille ?
Quand tout est en péril, qui veille ?
Qui souffre, qui meurt, qui combat ?
    Le Soldat !

O rôle immense ! O tâche sainte !
Marchant sans cris, tombant sans plainte,
Qui travaille à notre rachat ?
    Le Soldat !

Et sur sa tombe obscure et fière,
Pour récompense et pour prière
Que voudrait-il que l'on gravât ?
    « Un Soldat. »

(Paul Déroulède.)

CE QU'IL FAUT
POUR FAIRE UN BON SOLDAT.

Qu'il me soit permis de parler aux pères de famille qui me liront. Qu'ils fassent tous leurs efforts pour faire bien apprendre à leurs enfants à lire et à écrire et pour les amener au bien, c'est le plus bel héritage, et il est facile à porter. Si mes parents m'avaient gratifié de ce don précieux, j'aurais pu faire un soldat marquant, mais il ne faut pas injurier ses parents. A trente-trois ans je ne savais ni A ni B, et là ma carrière pouvait être ouverte si j'avais su lire et écrire. Il y avait chez moi courage et intelligence. Jamais puni, toujours présent à l'appel, infatigable dans toutes les marches et contre-marches, j'aurais pu faire le tour du monde sans me plaindre. Pour faire un bon soldat, il faut : courage dans l'adversité, obéissance à tous ses chefs sans exception de grade. (*Le capitaine Coginet.*)

L'ESPRIT DE CORPS.

« On n'est soldat que quand on n'a plus la maladie du pays, quand le drapeau du régiment est considéré comme le clocher du village, quand on est prêt à mettre le sabre à la main toutes les fois que l'honneur du numéro est attaqué, quand on a confiance dans ses chefs, dans son voisin de droite et de gauche, quand on les aime, quand on a mangé longtemps la soupe ensemble. »

(*Maréchal Bugeaud.*)

TROIS SOLDATS MODÈLES.

I.

« TOUT SOLDAT FRANÇAIS A LE BATON DE MARÉCHAL DE FRANCE DANS SA GIBERNE. »

Fabert. — Le maréchal *Fabert* est le type du vrai soldat français, du bon patriote, du parfait citoyen, du véritable honnête homme.

Il naquit à Metz en 1599. Admis dans les gardes françaises à l'âge de 14 ans, il gagna tous ses grades à la pointe de l'épée. Il prit à la guerre de Trente ans une part importante et se signala particulièrement dans les sièges. En 1635, lorsque l'armée française dut quitter Mayence, pour se retirer momentanément sur la frontière, il donna, en protégeant la retraite, des preuves d'habileté et de sang-froid qui lui valurent l'admiration générale.

Étant simple capitaine, il ne reculait devant

aucun moyen pour reconnaître les positions de l'ennemi. Il payait bravement de sa personne. Au siège d'Arras, il poussa l'audace jusqu'à s'introduire dans la place déguisé en paysan, portant une hotte chargée de carottes sur son dos. Le lendemain, il rapportait au cardinal de Richelieu le plan de la ville.

Nommé gouverneur de Sedan en 1642, il donna à cette ville des fortifications qui en firent un des plus solides remparts de notre frontière. Il conçut en même temps l'idée d'enrégimenter les ouvriers employés aux travaux, faisant ainsi le premier essai de cet admirable corps du génie, qui rend aujourd'hui tant de services.

En toutes circonstances, il donna les preuves de la plus haute intrépidité.

Blessé à la jambe au siège de Turin, il ne voulut pas, malgré l'avis du chirurgien, subir l'amputation. « *Qui aura le gigot*, dit-il, *aura le reste du corps. Je serai mon propre chirurgien.* » Il se soigna, comme il le dit, à sa guise, et guérit par bonheur. Lieutenant général en 1651, il reçut le bâton de maréchal en 1658.

Fabert ne fut pas seulement un militaire d'élite, il fut un administrateur distingué. Il avait fondé, près de Thionville, des forges importantes qui produisaient plus d'un million et demi de livres de fer par an et occupaient 500 ouvriers.

C'est encore lui qui attira dans Sedan des fabricants drapiers, contribuant ainsi à la création de cette industrie où cette ville tient une des premières places.

Fabert comprit des premiers que la discipline fait la force principale des armées.

Il réprimait avec sévérité les habitudes de pillage auxquelles les soldats, à cette époque, n'étaient que trop enclins. « *Le moindre vol,* disait-il, *est un crime capital dans un homme de guerre, qui est chargé de la sécurité publique.* »

Louis XIV, en récompense de ses services, voulut lui offrir le cordon de l'ordre du Saint-Esprit. Fabert refusa, alléguant qu'il n'avait pas les titres de noblesse exigés. « *Ce rare exemple de probité,* lui écrivit le roi, *me paraît si admirable que je vous avoue que je le considère comme un ornement de mon règne. Ceux à qui je vais distribuer le cordon ne sauraient en recevoir plus d'éclat dans le monde que le refus que vous en faites.* »

Fabert mourut en 1602. Toute la France pleura ce vaillant soldat, qui fut un de ses meilleurs serviteurs.

La ville de Metz lui a érigé une statue. Sur le socle sont inscrites ces paroles de Fabert, sublimes dans leur simplicité, et qui dictent leur devoir aux défenseurs de toute place assiégée :

« *Si pour empêcher qu'une place que le roi m'a confiée ne tombât au pouvoir de l'ennemi, il fallait mettre à la brèche ma personne, ma famille et tout mon bien, je ne balancerais pas un instant pour le faire.* »

II.

UN GRAND PATRIOTE.

Vauban (1633-1707). — Vauban, né en Bourgogne, à Saint-Léger-de-Foucherets, d'une famille noble mais sans fortune, était, selon son expression, le plus pauvre gentilhomme du royaume. Pendant la Fronde, il s'engagea comme volontaire dans l'armée de Condé. Fait prisonnier et conduit près de Mazarin, le ministre le gagna à la cause du roi et en fit un officier, puis un ingénieur militaire. Habile dans l'art des fortifications, Vauban débuta dans la carrière qui devait l'illustrer, au siège de Gravelines, à 25 ans. C'est lui qui fortifia le plus savamment et le plus efficacement celles de nos frontières qu'aucune défense naturelle ne protégeait. Il a fait réparer 300 places fortes anciennes et en a construit 33 nouvelles ; il a dirigé 53 sièges, il a assisté à 143 combats. Il porta l'art de la défense et de l'attaque des places fortes aussi loin que le comportaient les guerres de son temps ; de là le dicton : *Ville assiégée par Vauban, ville prise ; ville fortifiée par Vauban, ville imprenable*. Vauban n'était pas seulement le plus savant ingénieur militaire, c'était, dit Saint-Simon : « le plus honnête homme et le plus vertueux homme de son siècle, le plus vrai et le plus modeste ». C'est pour ce grand citoyen que le même Saint-Simon a trouvé le nom de *patriote* qui a fait fortune depuis. La grandeur d'âme et l'humanité de Vauban se révélaient en toutes circonstances. Lui, qui affrontait tous les dangers avec la plus grande témérité, épargnait le sang des soldats lors même que l'intérêt de la guerre eût demandé plus de sacrifices. Il ne craignait pas de dire au roi : « Il vaut mieux brûler plus de poudre et verser moins de sang... J'aime mieux conserver cent soldats à Votre Majesté que d'en tuer trois mille à l'ennemi... Vous gagnerez un jour, mais vous perdrez cent hommes, n'attaquez pas. » Ce grand homme mourut dans la retraite avec le grade de maréchal de France.

Outre ses œuvres militaires, Vauban a écrit sur la statistique, l'industrie, l'histoire, la géographie, les finances. La plus célèbre de ses œuvres réunies sous ce titre modeste : *Oisivetés de M. de Vauban*, est son *Projet d'une dixme royale*. Il y expose, de la façon la plus saisissante, le tableau des misères du peuple et propose de remplacer tous les impôts par une taxe unique payée par les nobles, les prêtres, les roturiers, et déterminée suivant les facultés et les ressources de chacun. C'était une révolution. A partir de la publication de ce mémoire, Louis XIV ne vit plus dans l'illustre Vauban qu'un utopiste. La postérité l'a bien vengé du mépris du grand roi.

III.

LE PREMIER GRENADIER DE FRANCE.

La Tour d'Auvergne. — Théophile-Malo Corret de La Tour d'Auvergne était Breton ; il descendait de la famille de Turenne.

Au siège de Port-Mahon (île de Minorque), il s'était distingué en allant, sous le feu de l'ennemi, enlever un de ses camarades blessé, qu'il rapporta sur ses épaules, au milieu d'une grêle de balles.

Il fit les premières campagnes de la Révolution et ne voulut accepter d'autre grade que celui de capitaine de grenadiers. Il se distingua particulièrement à l'armée des Pyrénées.

La colonne qu'il commandait était la terreur de l'ennemi ; on ne l'appelait plus que la *colonne infernale*. En 1797, La Tour d'Auvergne crut que son âge et ses services lui permettaient de prendre du repos (il avait alors cinquante-quatre ans) et se retira à Passy. Il se livra à ses études sur les origines gauloises, car ce soldat héroïque était doublé d'un savant distingué.

Il apprend que le dernier fils de son maître Le Brigant, était atteint par la conscription. La Tour d'Auvergne comprit la douleur de son ami dont la plupart des fils étaient morts sur les champs de bataille, et qui n'avait pour soutien de sa vieillesse qu'un dernier enfant, d'une santé délicate, impropre à résister aux fatigues de la guerre. L'ancien commandant de la colonne infernale n'hésita pas; il abandonna ses livres, ses études, et obtint de remplacer le jeune Le Brigant. Redevenu simple grenadier, il refusa tout grade, montrant que son âme était aussi capable de désintéressement que d'héroïsme; il assista à la glorieuse campagne d'Helvétie (1799) le sac au dos, comme un conscrit, toujours à l'avant-garde et excitant l'admiration de tous par son énergique intrépidité. Bonaparte, sur la proposition de Carnot, lui décerna le titre de *premier grenadier des armées de la République* et un sabre d'honneur.

En 1800, il repart à l'armée du Rhin, sous les ordres de son compatriote Moreau, comme simple soldat. Il y était depuis six jours, lorsqu'il périt au champ d'honneur. Au combat d'Oberhausen (Bavière), apercevant un uhlan porteur d'un étendard, il se précipite dans la mêlée pour le lui arracher. Un autre uhlan lui perça le cœur d'un coup de lance. La perte de ce héros fut vivement ressentie par l'armée. Le général en chef adressa aux troupes l'ordre du jour suivant :

« 1° Les tambours des compagnies de grenadiers de toute l'armée seront, pendant trois jours, voilés d'un crêpe noir;

« 2° Le nom de La Tour d'Auvergne sera conservé à la tête du contrôle de la compagnie de la 46ᵉ demi-brigade où il avait choisi son rang. Sa place ne sera point remplie et l'effectif de cette compagnie ne sera plus dorénavant que de quatre-vingt-deux hommes;

« 3° Il sera élevé un monument sur la hauteur, en arrière d'Oberhausen, au lieu même où La Tour d'Auvergne a été tué : les restes du chef de brigade Forti, commandant la 46°, et qui a reçu la mort à ses côtés, après avoir fait des prodiges de valeur, y seront aussi déposés;

« 4° Ce monument, consacré aux vertus et au courage, est mis sous la sauvegarde de tous les pays. »

Le premier consul Bonaparte ordonna, de son côté, que le cœur du héros serait conservé par la première compagnie de grenadiers du 46° et que le brave, porteur de cette précieuse relique, répondrait à chaque appel, au nom de La Tour d'Auvergne : *Mort au champ d'honneur !* Ainsi fut justement honoré celui qui fut le type le plus parfait du soldat-citoyen.

LE DRAPEAU.

C'est l'emblème de la Patrie ! Autour de lui, se groupent les soldats, comme autour du clocher du village, les paysans, fils de la vieille Gaule.

Au vent des batailles, c'est l'âme de la France qui frissonne en ses plis glorieux !

Flamme d'or des milices communales de Bouvines, — drapeau blanc fleurdelisé de Denain et de Fontenoy, — étendard tricolore de Valmy, d'Auerstædt, de Wagram, de Solférino, de Coulmiers, de Bapaume, de Tuyen-Quan, d'Abomey, c'est toujours le palladium qui, dans la sainte croyance de nos pères, devait mettre l'ennemi en fuite.

Le drapeau, c'est la patrie vivante entraînant ses enfants dans une envolée d'héroïsme à la défense du sol natal.

Le soldat français a pour ses drapeaux un sentiment qui tient de la tendresse, ils sont l'objet de son culte.

Honneurs à rendre aux drapeaux et étendards.

Tout commandant d'une troupe en armes ou sans armes qui rencontre un drapeau ou étendard le salue.

Tout étendard isolé passant devant un drapeau ou étendard salue.

Les sentinelles présentent les armes aux drapeaux et étendards lorsque ceux-ci passent devant elles.

Mort héroïque d'un porte-drapeau. — C'était en l'an II (1793), à l'armée du Rhin, pendant la campagne d'hiver.

Pierre Cornu, porte-drapeau au 1er bataillon de la Haute-Saône, est enveloppé par l'ennemi qui veut lui arracher son drapeau. Il se débat, tue le chef, dit courageusement : « Non, on n'aura mon drapeau qu'avec ma vie, » et il meurt percé de coups.

Un drapeau contre un sac de cartouches. — Le 15 nivôse an II (4 janvier 1794), Mandement, cavalier au 6e régiment, est chargé de porter un sac de cartouches, sous le feu de l'ennemi, à nos tirailleurs. Il voit dans un pré sept ou huit soldats qui gardent un drapeau. Croyant que ce sont des Français, il s'avance vers eux ; ce sont des ennemis ; ils l'entourent et veulent le faire prisonnier. Mandement jette son sac de cartouches, met sabre en main, culbute ses adversaires et enlève leur drapeau.

Le drapeau du 65ᵉ de ligne à Ratisbonne (20 avril 1809). — Pendant que Napoléon battait les Autrichiens à Abensberg et à Eckmühl, le 65ᵉ de ligne résistait énergiquement dans Ratisbonne, et forçait l'ennemi à immobiliser 30,000 hommes autour de la place. Bientôt les munitions s'épuisèrent, et le régiment dut capituler. Mais il ne rendit pas son drapeau. La veille de la capitulation, un sapeur roula le drapeau autour de lui, franchit à la nage les fossés de la place et alla enterrer le drapeau dans la campagne, pour l'empêcher de tomber aux mains de l'ennemi.

Trois jours après, Napoléon vainqueur entrait à Ratisbonne. Le 65ᵉ de ligne reprenait son drapeau, et le colonel pouvait le présenter à l'empereur, enveloppé dans deux étendards enlevés aux Autrichiens, et qu'on avait cachés avec lui, pour les soustraire aux recherches de l'ennemi.

L'enseigne de vaisseau Bisson. — Sur une des places de Lorient, s'élève la statue de l'enseigne de vaisseau Bisson. Elle est bien placée, dans cette ville de marins, comme un exemple d'héroïsme et de dévouement au drapeau.

Pendant l'expédition de Grèce (1827), Bisson reçut le commandement du *Panayotti*, brick que nos marins venaient de capturer. Deux navires, montés par 150 pirates grecs, vinrent l'attaquer. Bisson n'a que 15 hommes d'équipage ; 9 de ses hommes sont mis hors de combat. L'ennemi monte à l'abordage. Bisson ordonne aux survivants de se jeter à la mer, et, de concert avec le pilote Tremintin, il prend la résolution de faire sauter le vaisseau. Il laisse les pirates arriver sur le pont. Quoique grièvement blessé, il descend à la soute aux poudres ; il attend quelques instants, entend les ennemis qui se pressent sur le pont du navire, dont ils se croient maîtres. C'est le moment favorable : Bisson approche une mèche allumée d'un baril de poudre. Une explosion formidable retentit. Le navire saute. Le lendemain, on trouvait sur la plage 70 cadavres grecs. Mais ni le vaisseau ni le pavillon français n'étaient restés entre les mains des pirates.

Le colonel Goze à Inkermann. — A Inkermann, le 5 novembre 1854, au moment où les têtes de colonnes françaises arrivaient au secours des Anglais, gravement compromis, le colonel Camas, du 6ᵉ de ligne et le porte-drapeau tombent en même temps mortellement frappés. L'aigle allait tomber au pouvoir des Russes, lorsque le lieutenant-colonel Goze s'élance, la relève, et l'agitant au-dessus de sa tête, s'écrie avec énergie : « Enfants, au drapeau ! » Atteint d'une balle, cet officier supérieur tombe à son tour, après avoir remis le drapeau entre les mains du lieutenant Bigotte.

(*Général Fay.*— *Souvenirs de Crimée.*)

Le colonel Drouhot à Magenta. — Le 4 juin 1859, à l'attaque du bourg de Magenta, le drapeau du 65ᵉ, isolé en avant de la première colonne d'attaque, dont un feu d'enfer venait d'arrêter l'élan, se trouve pendant un instant dans une situation très critique aux mains du seul porte-drapeau, la garde ayant été détruite. Affolé, le colonel Drouhot enlève son cheval au galop et s'élance vers le trophée. Ce beau mouvement de désespoir tragique est le signal pour les colonnes d'attaque. d'un élan irrésistible : le régiment se rue sur le village, dont il chasse les Autrichiens, malgré leur écrasante supériorité numérique.

(*Capitaine Bissey. — Devoirs moraux du soldat.*)

Le drapeau du 96ᵉ de ligne. — A Reichshoffen, le 96ᵉ de ligne fut un des régiments les plus éprouvés, 400 soldats et plus de 20 officiers restèrent sur le champ de bataille. Au milieu de la mêlée, accablé par des forces supérieures, il faillit perdre son drapeau, qui ne fut sauvé que par des prodiges d'héroïsme. Le porte-drapeau est tué. Les Prussiens se précipitent pour s'emparer du drapeau. Le sous-lieutenant Bonade le sauve, et reçoit deux coups de feu. Les Allemands le pressent. Mais le capitaine adjudant-major Obry se jette, à cheval, au milieu de la cohue et saisit le drapeau, que lui tend Bonade blessé.

Le drapeau, Bonade, Obry roulent à terre ; des soldats du 96ᵉ accourent aux cris des camarades : « Le drapeau ! Sauvons le drapeau ! »

Le capitaine Obry se relève, saute sur un

mulet d'ambulance, le drapeau dans les bras, pressé contre sa poitrine.

Les soldats se serrent, et, à coups de baïonnette, à coups de crosse, ils protègent la retraite du drapeau. Il était sauvé !

Faisant partie de l'armée de Mac-Mahon, le 96ᵉ de ligne combattit à Sedan, et fut compris dans la capitulation qui livrait l'armée française aux Allemands. Mais son drapeau, si vaillamment défendu à Reichshoffen, ne devait pas subir la honte de tomber aux mains de l'ennemi.

Le colonel Bluem le fit enterrer par le sous-lieutenant Lemeunier, aux abords de la place. Le 17 mars 1871, au retour de la captivité, le brave sous-lieutenant vint reprendre son précieux dépôt. Les Prussiens occupent encore la ville, et une sentinelle allemande monte la garde à peu de distance de l'endroit où il est caché. Aidé d'un brave tisserand, *Cherviäur*, et de son fils, l'officier français déterre le drapeau en grattant la terre de ses mains pour éviter de donner l'éveil. Au bout d'une heure d'un pénible travail, leurs efforts sont couronnés de succès et, quelques jours après, le 96ᵉ de ligne rentrait en possession de son glorieux étendard.

Le drapeau des grenadiers à Metz. — Lors de la capitulation de Metz, un grand nombre de chefs de corps refusèrent de rendre leurs drapeaux à l'ennemi. Lorsqu'on vint réclamer les drapeaux de sa brigade au général *Lapasset*, il fit cette fière réponse :

« *La brigade ne rend ses drapeaux à personne et ne se repose sur personne de la triste mission de les brûler; elle a ce matin accompli cette funèbre besogne.* »

Le colonel *Péan*, du 1ᵉʳ régiment de grenadiers de la garde, refusa aussi de rendre son drapeau.

Il le fit présenter à sa troupe assemblée, par le sous-lieutenant porte-drapeau, comme pour lui adresser un dernier adieu.

Tous les soldats saluèrent en silence le glorieux insigne qu'on leur présentait et plus d'un s'essuya les yeux.

Le colonel Péan prit le drapeau et l'éleva au-dessus de la troupe. Il voulut parler, mais l'émotion arrêta sa voix. Au nom de tous, un vieux sergent chevronné baisa pieusement l'étoffe sacrée, puis, avec un couteau, il en fit de petites parts que les grenadiers se partagèrent.

L'armurier du régiment brisa en fragments l'aigle dorée, qui surmontait alors la hampe du drapeau. Tous les officiers reçurent cette relique militaire.

SERVICE INTÉRIEUR.

PRINCIPES GÉNÉRAUX DE LA SUBORDINATION

« La discipline faisant la force principale des armées, il importe que tout supérieur obtienne de ses subordonnés une obéissance entière et une soumission de tous les instants; que les ordres soient exécutés littéralement, *sans hésitation ni murmure;* l'autorité qui les donne en est responsable, et *la réclamation n'est permise à l'inférieur que lorsqu'il a obéi.* »

RESPECT DE LA DISCIPLINE.

Créqui. — Les généraux de Louis XIV et le roi lui-même étaient très sévères sur la discipline. Quiconque y manquait, quel que fût son grade, encourait les châtiments les plus rigoureux et la mort même.

Un jeune officier avait montré un grand courage à l'assaut d'une place forte sur la Meuse, qu'assiégeait le maréchal de Créqui. A la tête d'une compagnie, il avait surpris les assiégés qui, croyant avoir affaire à l'armée tout entière, avaient abandonné la place en toute hâte. Mais le jeune officier avait agi sans ordres. Le maréchal le fit garrotter, promener ainsi lié autour du camp, puis mettre en prison et condamner à mort. Lorsque le condamné fut arrivé sur le lieu du supplice, Créqui lui accorda sa grâce, lui fit plusieurs présents et l'attacha à sa personne, voulant ainsi récompenser la bravoure après avoir puni une faute contre la discipline.

Subordination. — Le maréchal de La Feuillade, à la tête d'une armée française, assiégeait Turin sans succès. Le maréchal de Vauban offrit à ce général de servir sous lui en qualité de volontaire ; il essuya un refus. La Feuillade voulait avoir seul l'honneur de prendre la ville, qu'il ne prit pas. Louis XIV, voyant que le siège n'avançait point, en parla à Vauban, qui offrit encore d'aller conduire les travaux : « Mais, monsieur le maréchal, lui dit le roi, songez-vous que cet emploi est au-dessous de votre dignité ? — Sire, répondit Vauban, *ma dignité est de servir l'État ; si le bâton de maréchal est un obstacle, en entrant au camp je le laisserai à la porte* ».

Ni hésitation ni murmure. — Pendant la campagne d'Alsace (1793), un régiment murmurait et réclamait immédiatement ses quartiers d'hiver. Pour empêcher les effets de ce mauvais exemple, Hoche mit simplement à l'ordre du jour que « *les soldats du régiment de... n'auraient pas l'honneur* *de marcher au premier combat* ». Les coupables accoururent aussitôt les larmes aux yeux et se jetèrent à ses pieds. Ils implorèrent la grâce d'être placés à l'avant-garde et expièrent leur faute par des prodiges de valeur.

Soumission absolue. — C'était pendant la guerre de la Vendée en 1793. Le 8ᵉ bataillon du Bas-Rhin occupait un poste assez important sur la lisière du Marais. Les soldats depuis plusieurs jours manquaient de vivres et, ce qui les inquiétait davantage, de munitions. On murmurait sourdement, mais on attendait encore avec patience le retour du chef de bataillon, qui était allé à Nantes exposer les besoins de sa troupe : ce chef se nommait Muscar, officier plein de bravoure, d'esprit et de capacité militaire. Le bataillon était sous les armes ; on apprit que Muscar revenait, mais qu'il ne ramenait avec lui ni charrettes de vivres, ni caissons de cartouches ; la sédition alors cessa de se contraindre et éclata ouvertement : les soldats quittèrent leurs postes, et malgré leurs officiers coururent au-devant de leur commandant, qu'ils atteignirent dans une lande voisine. Des reproches on en vint aux vociférations et des vociférations aux menaces. Muscar n'eut pas l'air de s'émouvoir, il fit signe qu'il voulait parler, et, d'une voix qui dominait le bruit, il ordonna à son bataillon de former le carré. Une vieille habitude de discipline fit obéir les soldats, qui se rangèrent en murmurant : alors, commandant de présenter les armes et de mettre le genou en terre, manœuvre qui depuis bien longtemps n'était plus usitée dans les troupes républicaines, Muscar se dressa sur ses étriers, ôta son chapeau et d'une voix forte lut un décret, qu'on lui avait donné à Nantes au lieu de vivres; ce décret était ainsi conçu : « La Convention nationale décrète que le 8ᵉ bataillon du Bas-Rhin a bien mérité de la patrie ». A ces mots, les cris de *vive la République!* se firent entendre; l'enthousiasme éclata de toutes parts. Les soldats se relevèrent, et oubliant dans leur joie la discipline qu'ils n'avaient pas oubliée tout à fait dans leur colère, se jetèrent dans les bras les uns des autres, et se félicitèrent mutuellement. On entoura le commandant avec ivresse, et l'on jura de nouveau de mourir pour la Patrie. Après quelques minutes données à l'explosion de ces sentiments, Muscar ordonna un roulement, fit reformer les rangs et reconduisit son bataillon au poste qu'il avait abandonné; on conçoit qu'il ne fut plus question de révolte ni même de désobéissance aux chefs. (*Général Sigisbert Hugo.*)

Discipline, abnégation. — On avait disgracié Moreau après les plus brillantes victoires, on l'avait privé de son commandement; et cependant, sacrifiant à l'intérêt de la Patrie un juste mécontentement, il consentit à servir dans l'armée d'Italie, commandée par Schérer. Schérer alla de faute en faute, de défaite en défaite. Avec les débris de l'armée, il s'était retranché derrière l'Adda, et un soir il apprend que la ligne de l'Adda est forcée, et que les ennemis passent la rivière.

Schérer, éperdu, désespéré, supplie Moreau de prendre le commandement de l'armée. Certes, Moreau paraissait avoir le droit de refuser : on l'avait traité avec injustice et mépris ; et, maintenant que la campagne était perdue, qu'il n'y avait plus que des désastres à essuyer, et que 25,000 Français étaient pressés de toutes parts par 85,000 Russes, on lui donnait le commandement !...

Il sacrifia tous ses ressentiments à sa Patrie, et, avec un dévouement qu'on ne saurait trop louer, il accepta une défaite en acceptant le commandement le soir même où la ligne de l'Adda était forcée.

Moreau, par son habileté, parvint à sauver les débris de l'armée. Heureux si cet héroïque dévouement à la France ne s'était pas démenti plus tard !

(*D'après Barrau. — Morale pratique*).

CHAPITRE XLVIII

PUNITIONS.

Fautes contre la discipline.

301. Sont réputées fautes contre la discipline et punies comme telles, suivant leur gravité :

. . . .

De la part de l'inférieur, tout murmure, mauvais propos ou défaut d'obéissance, quelque raison qu'il croie avoir de se plaindre ; l'infraction aux punitions ; *l'ivresse dans tous les cas, même quand elle ne trouble pas l'ordre ;* le dérangement de conduite ; les dettes ; les querelles entre des militaires ou avec des citoyens ; le manque aux appels, à l'instruction, aux différents services ; les contraventions aux ordres et aux règles de police ; enfin toute faute contre le devoir militaire, provenant de négligence, de paresse ou de mauvaise volonté.

Les fautes sont toujours plus graves quand elles sont réitérées et surtout habituelles ou collectives et quand elles ont lieu pendant la durée du service, particulièrement devant des inférieurs, ou lorsqu'il s'y joint quelque circonstance qui peut porter atteinte à l'honneur ou entraîner du désordre.

IVRESSE.

Charles XII. — Charles XII, roi de Suède, qui fut un des plus vaillants soldats de son temps, avait un jour, dans l'ivresse, oublié le respect qu'il devait à la reine son aïeule ; elle se retira, pénétrée de douleur, dans son appartement. Le lendemain, comme elle ne paraissait pas, le roi en demanda la cause, car il avait tout oublié. On la lui dit. Il alla trouver la reine : « Madame, lui dit-il, je viens d'apprendre qu'hier je me suis oublié à votre égard ; je viens vous en demander pardon ; et, afin de ne plus tomber dans cette faute, je vous déclare que j'ai bu hier du vin pour la dernière fois de ma vie ». Il tint parole. Depuis ce jour-là il ne but plus que de l'eau et fut d'une sobriété qui ne contribua pas moins que l'exercice à rendre son tempérament plus robuste.

Les soldats du maréchal de Richelieu. — Pendant la guerre de Sept ans (1750), le maréchal de Richelieu assiégea Port-Mahon (île Minorque). Les soldats, peu habitués à boire du vin aussi capiteux que celui de ce pays ensoleillé, s'enivraient tous les jours. Une effroyable indiscipline régna bientôt dans l'armée. D'un mot, le maréchal sut les rendre sobres. Il rassembla ses troupes, et il dit d'une voix sévère :

« Soldats, je vous déclare que ceux qui s'enivreront désormais n'auront pas l'honneur de monter à l'assaut. »

Cette menace qui touchait l'amour-propre et la bravoure française, fit son effet, et Port-Mahon fut emporté à peu de temps de là.

Le caporal Cambronne. — Cambronne était caporal en 1795, à Nantes.

Il avait contracté la déplorable habitude qui perd tant de nos soldats, l'habitude de boire et de s'enivrer souvent.

Un jour, étant ivre, il s'oublia jusqu'à frapper un officier qui lui donnait un ordre. Il passa devant le conseil de guerre et fut condamné à mort.

Le colonel de son régiment avait su cependant apprécier l'énergie, la bravoure et l'intelligence du jeune condamné. Il va trouver un représentant du peuple, commissaire du gouvernement, alors à Nantes, et lui demande la grâce de Cambronne.

« Impossible, répond le commissaire. Il faut un exemple ; sans cela la discipline est perdue dans l'armée. Le caporal Cambronne mourra. ».

Néanmoins le colonel insiste, et fait si bien qu'il obtient la grâce de son soldat, mais à une condition expresse, c'est que celui-ci *ne s'enivrera jamais plus de sa vie.*

Le digne colonel se rend à la prison militaire. Il fait venir Cambronne.

Celui-ci est d'abord étonné de la démarche de son chef. Le brave officier insiste et Cambronne finit par lui faire ce serment :

« Moi, Cambronne, je jure que jamais de ma vie une goutte de vin ne touchera mes lèvres..... Êtes-vous content, mon colonel ?

— Oui, mon ami, lui dit celui-ci ému et heureux de ce qu'il venait d'entendre. Oui, je suis content de toi. Demain, tu seras libre. Sois un brave soldat, et emploie au service de la Patrie la vie qu'elle te rend aujourd'hui. »

Le lendemain, le caporal Cambronne rentra au corps et reprit son service.

Vingt ans après, le *caporal* Cambronne était

devenu le *général* Cambronne et se couvrait de gloire à Waterloo.

Ordre du jour aux troupes de l'armée du Nord.
(3 *décembre* 1870).

Officiers, sous-officiers et soldats,

..... « Vous allez reprendre de suite les opérations avec des renforts considérables qui s'organisent chaque jour, et il dépendra de vous de forcer l'ennemi à vous céder à son tour le terrain.

« Le ministre Gambetta a proclamé que, pour sauver la France, il vous demande trois choses : la discipline, l'austérité des mœurs et le mépris de la mort.

« La discipline, je l'exigerai impitoyablement.

« Si tous ne peuvent atteindre à l'austérité des mœurs, j'exigerai du moins la dignité et spécialement la tempérance. Ceux qui sont aujourd'hui armés pour la délivrance du pays sont investis d'une mission trop sainte pour se permettre les moindres licences en public.

« Quant au mépris de la mort, je vous le demande au nom même de votre salut. Si vous ne voulez pas vous exposer à mourir glorieusement sur le champ de bataille, vous mourrez de misère vous et vos familles sous le joug impitoyable de l'étranger. Je n'ai pas besoin d'ajouter que les cours martiales feraient justice des lâches, car il ne s'en trouvera pas parmi vous. »

(*Général Faidherbe.*)

DÉCRET

du 26 octobre 1883

PORTANT RÈGLEMENT

sur le

SERVICE DES ARMÉES EN CAMPAGNE.

TITRE Ier

CHAPITRE PREMIER

DEVOIRS DES OFFICIERS GÉNÉRAUX A L'ÉGARD DES TROUPES.

Art. 5. Les officiers généraux commandant les corps d'armée, les divisions et les brigades assurent dans les troupes sous leurs ordres l'exécution des règlements de police et de discipline, d'administration et d'instruction ; *ils veillent avec la plus active sollicitude à tout ce qui intéresse le bien-être du soldat.*

Art. 6. ... *Les officiers généraux ont le devoir de prévoir les besoins des troupes et de prescrire ou provoquer les mesures nécessaires pour y satisfaire. Ils donnent l'ordre de pourvoir et de distribuer, et veillent à ce que chacun reçoive les allocations qui lui sont dues.*

SOLLICITUDE DU CHEF. — AFFECTION DES SOLDATS.

I. Turenne et ses soldats. — Les soldats de Turenne le respectaient et le chérissaient comme un père. Cette affection était légitimée par sa *sollicitude pour tout* ce qui intéressait le bien-être du soldat. Une maladie contagieuse ayant attaqué son armée, on reconnut dans cette circonstance combien il était digne de l'affection de ses soldats. Le meilleur père ne se donna jamais plus de peine pour la guérison de ses enfants. Il ne se passait point de jour qu'il ne visitât tous les malades : il les encourageait, pourvoyait à tous leurs besoins, et leur parlait avec une noble et douce familiarité. Cette conduite remplissait les soldats d'amour et de vénération pour lui. Quand il passait à la tête du camp, ils sortaient en foule pour le voir. Il suffisait de sa présence pour leur faire oublier leurs fatigues et pour ranimer leur ardeur.

II. Éloge funèbre de Turenne. — « Turenne vécut dans un temps où le préjugé plaçait des distinctions imaginaires au-dessus des services les plus signalés. Il sut faire disparaître l'éclat de son rang par celui de ses victoires, et l'on ne vit plus en lui que le grand homme. La France, l'Italie, l'Allemagne retentirent de ses seuls triomphes ; et ce n'est qu'à sa vertu qu'il dut, après sa mort, cet éloge si sublime dans la bouche d'un rival généreux, grand homme lui-même, de Montécuculli : *Il est mort un homme qui faisait honneur à l'homme.*

« Je ne répéterai point ce que l'histoire apprit à chacun de nous dès son enfance, les actions de Turenne, les détails de sa vie militaire, ni les détails plus intéressants peut-être encore de sa vie privée; il est des hommes dont l'éloge doit se réduire à prononcer leur nom. Le nom des héros est comme le foyer qui réunit en un seul point toutes les circonstances de leur vie ; il imprime aux sens une commotion plus forte, à l'enthousiasme un élan plus rapide, au cœur un amour plus touchant pour la vertu, que le récit même des faits qui leur méritèrent la palme immortelle.

« Eh ! quel titre plus glorieux pourrais-je unir au titre de père que les soldats décernèrent à Turenne pendant sa vie ? Quel trait pourrais-je ajouter à celui de ces mêmes soldats après sa mort, en voyant l'embarras où elle laissait les chefs de l'armée sur le parti à prendre ? *Lâchez la Pie,* dirent-ils, *elle nous conduira* (1). Que mettrais-je à côté des paroles de Saint-Hilaire ? Le même boulet qui renverse Turenne lui emporte un bras : son fils jette un cri de douleur : *Ce*

---

(1) La *Pie* était le cheval que montait Turenne.

n'est pas moi, mon fils, qu'il faut pleurer, dit Saint-Hilaire, *c'est ce grand homme !*

« Turenne est aux plaines de Salzbach, commandant à des Français, sûr de ses dispositions, sûr de la victoire; il est frappé : Turenne est mort. La confiance et l'espoir sont disparus : la France est en deuil, l'ennemi s'honore lui-même en pleurant ce grand homme.

« Les Allemands, pendant plusieurs années, laissèrent en friche l'endroit où il fut tué, et les habitants le montraient comme un lieu sacré. Ils respectèrent le vieil arbre sous lequel il reposa peu de temps avant sa mort, et ne voulurent point le laisser couper. L'arbre n'a péri, que parce que les soldats de toutes les nations en détachèrent des morceaux par respect pour sa mémoire.

« Les restes de Turenne furent conservés jusqu'à nos jours dans le tombeau des rois. Les républicains l'ont tiré de ce fastueux oubli; ils lui décernent aujourd'hui une place dans le temple de Mars où chaque jour le récit de ses victoires sera répété par les vieux guerriers qui habitent cette enceinte. »

(*Lazare Carnot.*)

III. **Catinat**. — Personne ne porta peut-être jamais plus loin la simplicité et la modestie que le célèbre Catinat, un des grands généraux de Louis XIV. Dans la relation qu'il envoya au ministre de la bataille de Staffarde, qu'il venait de gagner, tous les chefs de corps étaient nommés, et le roi, au rapport du général, avait à chacun d'eux une obligation particulière. On n'apprit les propres exploits de Catinat que par les lettres de divers officiers : on sut que son cheval avait été tué sous lui, qu'il avait reçu plusieurs coups dans ses habits et une contusion au bras gauche. Le lendemain, comme il allait féliciter un de ses régiments dont la valeur n'avait pas peu contribué à la victoire, plusieurs soldats qui jouaient aux quilles à la tête du camp quittèrent leur jeu pour s'approcher du général ; Catinat leur dit avec bonté de retourner à leur partie. Quelques officiers lui proposèrent alors d'en faire une : il accepta et se mit alors à jouer avec eux aux quilles ; un officier général qui se trouvait présent voulut en plaisanter, et dit qu'il était bien extraordinaire de voir un général d'armée jouer aux quilles le lendemain du jour où il avait gagné une bataille : « Vous vous trompez, répondit Catinat, cela ne serait étonnant que dans le cas où il l'aurait perdue. » (*Barrau.*)

Napoléon la veille d'Iéna (1806). — La veille de la bataille d'Iéna (14 octobre), Napoléon, visitant les bivouacs pour s'assurer que ses ordres avaient été exécutés, trouva l'artillerie du maréchal Lannes engagée dans un ravin.

Deux cents voitures étaient immobilisées dans ce défilé, sans pouvoir avancer ni reculer. Le passage était tellement resserré que les fusées des essieux portaient sur les parois du ravin.

L'empereur se rappela alors son ancien métier d'artilleur.

Il fit prendre les outils du parc aux canonniers, allumer des falots. Il en tint un lui-même à la main, dont il éclaira, jusqu'à ce que les fusées des essieux ne portassent plus sur le roc. « J'ai toujours présent devant les yeux, dit un témoin de ce fait, l'émotion que manifestaient les canonniers en voyant l'empereur éclairer lui-même, un falot à la main, les coups redoublés dont ils frappaient le rocher. Tous étaient épuisés de fatigue, et pas un ne proféra une plainte, sentant bien l'importance du service qu'ils rendaient, et ne se gênant pas pour témoigner leur surprise de ce qu'il fallait que ce fût l'empereur lui-même qui donnât cet exemple à ses officiers. » L'empereur ne se retira que lorsque la première voiture fut passée.

Le lendemain, il culbutait l'armée prussienne.

CHAPITRE VIII.

DE LA TÉLÉGRAPHIE MILITAIRE.

Service de la télégraphie militaire.

Art. 22. La télégraphie militaire aux armées a pour mission d'établir et de desservir les communications télégraphiques.

Le service est organisé *par armée* ; il a à sa tête une direction établie au quartier général de l'armée, et composée d'un directeur et d'agents en nombre suffisant pour le service. Le directeur reçoit des instructions du chef d'état-major et prescrit l'établissement des lignes et des postes. Les lignes ne peuvent être établies ou détruites que sur l'ordre du commandant de l'armée, à qui les commandants de corps d'armée adressent leurs propositions.

. . . .

Le personnel télégraphique relève, pour son service technique, du directeur de la télégraphie de l'armée ; il est subordonné, pour la discipline, aux commandants militaires des localités ou des colonnes dans lesquelles il se trouve.

(L'article 22 du chapitre VIII sur le service de la télégraphie militaire nous amène à citer deux épisodes de la guerre de 1870 bien propres à montrer que le patriotisme ne s'affirme pas seulement sous le feu de l'ennemi, mais encore que de bons Français sont toujours prêts à sacrifier leur vie quand il s'agit de la sécurité et de la défense du sol national.)

Le jardinier de Bougival. — Le 19 septembre 1870, le 46ᵉ régiment d'infanterie prussien faisait son entrée au village de Bougival, près de Paris.

Le premier soin des ennemis fut d'établir une communication télégraphique avec Versailles, où se trouvait leur quartier général. A peine installé, le fil fut coupé.

On le rétablit, il fut coupé de nouveau.

L'ennemi organisa une active surveillance et un paysan fut surpris rôdant autour du télégraphe.

Ce paysan s'appelait François Debergue.

C'était un énergique vieillard d'une soixantaine d'années.

Conduit devant une commission militaire :

« C'est vous, lui demanda-t-on, qui avez coupé le fil du télégraphe ?

— Oui.

— Avec quoi ?

— Avec ceci.

Et le jardinier tira son sécateur de sa poche.

— Pourquoi cela ?

— Parce que vous êtes les ennemis de mon pays.
— Promettez-vous de ne plus recommencer?
— Je ne le promets pas !
— Pourquoi ?
— Parce que je suis Français !

Ses voisins, des amis, offrirent de payer pour lui une rançon de dix mille francs; mais le jardinier refusa.

— Je ne veux pas qu'il soit rien dépensé pour moi, dit-il. Ce serait de l'argent perdu : je recommencerais le lendemain. »

Et il répéta avec la même résolution qu'auparavant :

« Je suis Français, et je fais mon devoir. »

Le 26 septembre, à quatre heures du soir, à la sortie du village, les Prussiens l'attachaient au tronc d'un pommier, et le brave Debergue tombait, frappé de 19 balles ennemies, fier devant la mort, comme il l'avait été devant le conseil de guerre.

Juliette Dodu. — Pithiviers était tombé aux mains des Allemands. Leur premier soin fut d'occuper le poste et le télégraphe; ils trouvèrent une jeune directrice âgée de vingt ans, Mlle Juliette Dodu. Ils s'emparèrent des appareils et reléguèrent Mlle Dodu dans sa chambre. De la sorte, ils pensaient pouvoir manœuvrer secrètement eux-mêmes. Mais le fil de la station traversait la chambre de la directrice. Il suffisait d'y attacher un autre fil et de mettre ce second fil en communication avec d'autres appareils — qu'elle avait dissimulés à l'avance — pour connaître les secrets que le fil emportait.

Mlle Dodu savait qu'elle serait fusillée si sa noble ruse était découverte; pourtant, elle n'hésita point, elle déroba plusieurs fois à l'ennemi d'importantes dépêches, de graves confidences militaires, qu'elle communiquait au sous-préfet de Pithiviers et que celui-ci, à son tour, transmettait par des exprès à l'armée de la Loire. Un jour, une brigade de notre armée, qui devait être enveloppée et rejetée sur Orléans, put, avertie à temps, échapper à l'ennemi.

Cependant ce dernier, soupçonnant la vérité, parvint à force de menaces, à faire parler une malheureuse servante, qui dénonça la directrice. Mlle Dodu fut arrêtée, traduite devant une cour martiale et condamnée à mort.

Le prince Frédéric-Charles voulut voir cette courageuse jeune fille, et comme il paraissait surpris de son acte audacieux : « Je suis Française, lui répondit-elle, et je n'ai fait que mon devoir. »

(L'exemple de patriotisme donné par Mlle Juliette Dodu, nous amène tout naturellement à signaler ses glorieuses émules, qui, à toutes les époques de notre histoire, ont montré que l'amour de la patrie ne connaît en France ni le sang, ni le sexe, ni l'âge, et que vieillards, femmes, enfants ont toujours su, sans hésiter, faire le sacrifice de leur vie à la noble cause du drapeau et de la Patrie!)

LES FEMMES PATRIOTES.

Les femmes héroïques.—Jeanne d'Arc, Jeanne Hachette sont connues de tous. Elles ne sont pas uniques dans l'histoire. D'autres héroïnes, encore, ont montré que lorsqu'il s'agit de défendre ses foyers, la femme ne le cède à l'homme ni en courage ni en abnégation.

Ainsi, lors de l'invasion de la Provence par Charles-Quint, les femmes de Marseille prirent part à la défense de la place. Elles élevèrent et réparèrent sous le feu de l'ennemi une portion de remparts qu'elles défendirent si bien qu'on ne l'appela plus désormais que le « *Rempart des Dames* ».

Citons encore Marguerite ou Margot Delaye, qui, en 1570, au siège de Montélimar, contribua à rejeter hors de la place les ennemis, qui avaient déjà franchi la première enceinte. On la vit, du haut des remparts, armée seulement d'un levier de fer, assommer les assaillants, en faisant crouler sur leurs échelles les moellons qui formaient la crête de la fortification.

Suzanne Didier. — *Suzanne Didier* est une jeune héroïne lorraine, qui périt victime de son patriotisme, à Villedieu, près de Metz. Des Prussiens envahissent la ferme où elle était seule avec son jeune frère :

« Un régiment français a passé ici, il y a quelques heures? lui dirent-ils. D'où venait-il? Dans quelle direction est-il parti?

A ces mots, la jeune fille pâlit; elle avait son frère à l'armée. Elle savait que les ennemis espionnaient la marche de nos troupes, et que, s'ils pouvaient se rendre compte de leurs manœuvres, ils leur infligeraient par surprise un nouveau désastre.

— Est-ce à moi, dit-elle, qu'il faut demander ce que font nos soldats?

— Oui, c'est à vous; car ce que nous vous demandons, vous le savez.

— Je suis Française, et ce n'est pas à moi de vous dire ce qui peut perdre les Français.

— Si tu ne parles pas, nous saurons bien t'arracher ton secret par force.

— Je suis femme; est-ce donc aux femmes que vous faites la guerre?

— Les femmes révèlent bien aux Français les marches des Allemands. Parle, ou prends garde à toi.

— Je suis seule; vous ne voudriez pas vous déshonorer en abusant de ma faiblesse.

— Assez de paroles. Nous n'avons pas un instant à perdre. Suis-nous au dehors... Maintenant, appuie-toi contre cet arbre. Vous, soldats, couchez en joue. Si tu ne réponds pas à nos questions, tu seras fusillée. Parle!

Suzanne regarda les soldats avec terreur, puis baissa la tête et réfléchit. Une image passa devant ses yeux, celle de la France à feu et à sang, jonchée de morts, plongée dans le deuil. Puis elle songea à son frère, à tant de jeunes gens qui s'exposaient comme lui pour le salut de leur patrie ; et alors, relevant la tête, sentant combien la vie a peu de prix au milieu de tels désastres, elle regarda en face les fusils braqués sur elle, et se tut.

— Une seconde fois, je te l'ordonne, parle !
Elle se tut.
— Une troisième fois, parle !
Elle se tut.
— Soldats, feu !
Et l'héroïque jeune fille tomba percée de balles.

Patriotique vengeance des femmes d'Alsace.
— Une dame de Strasbourg logeait chez elle deux officiers prussiens. Ces messieurs se plaignirent, comme des maîtres se plaignent, de ne pas avoir accès dans les salons de cette dame, et insistèrent pour être engagés à ses réunions d'amis. Le lendemain, ils reçoivent une invitation. Ils arrivèrent à huit heures ; le salon était assez obscur, et, à la lueur de la lampe unique qui l'éclairait, ils entrevirent dix femmes vêtues de noir et assises au fond. La maîtresse de la maison, les voyant entrer, va à eux, les amène à la première de ces dames, et la leur présentant : « Ma fille, qui a eu son mari tué pendant le siège ». Les deux Prussiens pâlissent. Elle les amène à la seconde dame : « Ma sœur, qui a perdu son fils à Frœschviller ». Les deux Prussiens se troublent. Elle les amène à la troisième : « Madame Spindler, dont le frère

a été fusillé comme franc-tireur ». Les deux Prussiens tressaillent. Elle les amène à la quatrième : « Madame Browin, qui a eu sa vieille mère égorgée par les uhlans ». Les Prussiens reculent. Elle les amène à la cinquième : « Madame Coulmann, qui... »

Mais les deux Prussiens n'ont pas la force de la laisser achever, et, balbutiant, éperdus, ils se retirent précipitamment, comme s'ils eussent senti tous ces crêpes de deuil tomber sur leur tête. Connaissez-vous une plus terrible et une plus patriotique vengeance?

(*E. Legouvé.*)

Laurentine Proust et son frère (*Châteaudun, 18 octobre* 1870). — « Mlle Laurentine Proust et son jeune frère âgé de douze ans, approvisionnèrent nos hommes de cartouches pendant toute la durée du combat, Mlle Proust reçut derrière la tête une balle qui, heureusement, ne fit que traverser ses cheveux.

« Un franc-tireur, blessé grièvement, tombe au milieu de ses compagnons.

« Laurentine Proust le relève, le prend dans ses bras et le transporte, plutôt qu'elle ne le soutient, jusqu'au moment où il doit recevoir les premiers secours.

« Le gouvernement honora plus tard sa belle conduite d'une médaille d'or. (*F. Brun.*)

Madame Jarrethout (*Châteaudun, 18 octobre* 1870). — Madame Jarrethout était cantinière au bataillon des francs-tireurs de Paris. Elle fit des prodiges de valeur à la défense de Châteaudun. Nos troupes, inférieures en nombre, ont grand peine à se maintenir aux barricades, sous la poussée des masses allemandes, incessamment renouvelées. Les munitions vont leur manquer, madame Jarrethout ne cesse de leur en porter à travers les balles. Elle donne ses soins aux blessés et, quand ils ne peuvent marcher, elle les emporte sur son dos, donnant ainsi aux combattants l'exemple du plus sublime dévouement et de la plus complète abnégation.

Elle a été faite chevalier de la Légion d'honneur en 1880.

LES ENFANTS HÉROÏQUES.

Le tambour Meril. — Le 6 août 1792, au combat de Rudelsheim, le jeune *Meril*, âgé de quatorze ans, tambour de chasseurs, battant la générale, fut assailli par des tirailleurs uhlans qui lui coupèrent la main droite pour l'empêcher de battre. Meril les regarde de sang-froid et continue de battre de l'autre main. Les uhlans, indignés de ce qu'il dit : « Je battrai malgré vous jusqu'à la mort », finirent par l'assassiner.

Joseph Barra (1793). — Joseph Barra était né à Palaiseau. Il avait suivi un bataillon de volontaires envoyé dans la Vendée, et il y remplissait l'emploi de fifre ou de tambour : en plusieurs circonstances il s'était fait remarquer par son courage. Un jour il fut pris par les Vendéens : son audace et sa jeunesse inspirèrent quelque pitié aux vainqueurs. — C'était à une époque où, par représailles des décrets de la Convention, on ne faisait pas de prisonniers. — Les Vendéens offrirent la vie à Barra, à condition qu'il crierait : *Vive le roi!* il aima mieux mourir en criant *Vive la République!* — Barra nourrissait sa mère avec sa paye. — La Convention décréta qu'on accorderait à sa mémoire les honneurs du Panthéon, et qu'une gravure représentant son dévouement et sa piété filiale serait envoyée à toutes les écoles primaires, afin de retracer sans cesse à la jeunesse un si bel exemple.

(*Abel Hugo.*)

Mort d'Agricole Viala. — Tandis que l'*armée marseillaise* se dirigeait sur la Durance, les républicains, partisans de la Montagne, qui prenaient alors le titre de patriotes, et les habitants d'Avignon, dont la majorité était favorablement disposée en faveur du gouvernement conventionnel, se rendaient en hâte sur le bord de la rivière pour en disputer le passage aux insurgés. Mais ceux-ci, arrivés les premiers, s'étaient déjà emparés du bac; il ne restait plus aux républicains qu'à couper, de leur côté, le câble fixé d'un bord à l'autre pour le service de ce bac. L'opération était périlleuse. Les Marseillais dirigeaient sur la rive opposée le feu le plus vif, afin d'empêcher qu'on ne leur enlevât cet unique moyen de passage. C'était véritablement comme une grêle de balles. — Les plus intrépides républicains pâlissaient à l'idée seule d'affronter ce danger. Déjà plusieurs hommes déterminés avaient été tués. — Il fallait cependant ou couper la corde ou laisser aborder l'ennemi, dont un fort détachement s'avançait et était parvenu au milieu de la rivière. — Un enfant, âgé seulement de treize ans, Joseph-Agricole Viala, né à Avignon, se présenta pour accomplir cette tentative dangereuse. Le péril inévitable auquel il allait s'exposer détermina les patriotes à lui refuser sa demande. Indigné de ce refus, qu'il regarde comme un affront fait à son jeune courage, Viala enlève une hache des mains d'un sapeur et se précipite vers la Durance. Arrivé au bord de l'eau, il dépose sa hache pour décharger sur les Provençaux un fusil dont il était armé, puis il se met en devoir de couper le câble. Les républicains, qui n'ont pu prévenir le mouvement de cet enfant héroïque, rougissent de le voir affronter si hardiment un péril devant lequel eux, hommes faits et même vieux soldats, ont reculé. La honte leur rend le courage : ils se rapprochent de la rivière, et le combat recommence.

Viala, dont la hache, mal aiguisée, trompait l'intrépide dessein, faisait des efforts aussi laborieux qu'inutiles. La fusillade entre les républicains et les Provençaux devenait de plus en plus vive d'une rive à l'autre. Enfin le jeune héros, qui, depuis le commencement de l'affaire, était particulièrement le point de mire des Marseillais, eut la poitrine traversée d'une balle. La hache échappa à ses mains affaiblies. Il tomba en s'écriant : « Ils ne m'ont pas manqué ; mais je « suis content : je meurs pour la liberté ! »

La mort de Viala mit un terme à la lutte inégale que faisait seul soutenir l'héroïsme de cet enfant. Il n'avait pas pu couper le câble. Les insurgés, supérieurs en nombre et en audace, traversèrent la Durance, et les républicains s'enfuirent en désordre. — Les vainqueurs, arrivés sur la rive droite souillèrent le triomphe qu'ils venaient d'obtenir en outrageant avec brutalité, à ce que prétendent les orateurs de la Convention, le cadavre de l'enfant. Après l'avoir mutilé et défiguré, ils le jetèrent dans la Durance. — Le dévouement de Viala reçut, par ordre du gouvernement conventionnel, les honneurs du Panthéon. Il est digne de figurer parmi les plus nobles traits d'héroïque courage que l'amour de la République et de la Liberté aient inspirés aux Grecs et aux Romains.

(*Abel Hugo.*)

Le tambour André au pont d'Arcole. — Le passage, désormais célèbre du pont d'Arcole, provoqua de nombreux actes d'héroïsme individuel. C'est là que se distingua le jeune tambour *André*. Son attention fut attirée par une fumée compacte qui montait au delà du groupe des maisons. L'idée lui vint que le feu devait gêner l'action au pont d'Arcole. Il fit tout haut cette réflexion à son sergent : « Il faudrait, lui dit-il, passer de l'autre côté. — Sais-tu nager? demande le sergent. — Té, si je sais nager, je crois bien ! — Alors, il faut passer. — Mais ma caisse va se mouiller. — Mets-la sur mon sac, dit le sergent, et bats. »

Tantôt sur le sac de son sergent qui le précède, tantôt sur sa tête, il bat ferme, ralliant quelques grenadiers qui vont vers la rive ennemie.

« Les ennemis surpris et croyant avoir affaire à toute une troupe abandonnent les canons qui ne cessaient de balayer le pont sur lequel Bonaparte, un drapeau à la main, la veille, victorieux, s'élançait. »

Tout d'abord, André ne reçut pour sa belle action que des baguettes d'or. En 1803, Bonaparte passait la revue de sa garde des consuls dans laquelle André était entré. Il s'arrêta devant le petit tapin qui portait ses baguettes d'or en sautoir et lui demanda sur quel champ de bataille il avait gagné cette récompense. Le tapin lui conta son histoire. « Ce n'est pas assez, mon jeune brave », répond Bonaparte, et, détachant de son habit la croix, il la fixa sur la poitrine du tambour.

Casabianca à Aboukir. — L'amiral Brueys, blessé à la tête et à la main continuait encore le commandement, lorsqu'un boulet de canon le frappa à mort, et il mourut sur le pont. Un moment après, Casabianca, capitaine du vaisseau *l'Amiral*, fut mortellement blessé. Le feu prit dans ce vaisseau sans qu'il fût possible de l'éteindre. Le fils du capitaine Casabianca, âgé de dix ans, qui avait montré un courage héroïque, ne voulant pas quitter son père blessé, refusa de se sauver dans une chaloupe. Cependant, ce tendre père était parvenu à le placer sur un mât jeté à la mer, où il était lui-même ainsi que l'intendant de l'escadre, lorsque l'*Orient*, de 120 canons, sauta en l'air avec un fracas horrible, et engloutit ces trois héros.

LES VIEILLARDS HÉROÏQUES.

Un vieux patriote : Jolibois à Jemmapes (6 *novembre* 1792). — A Jemmapes, au moment où une colonne, abordant une des redoutes, défilait devant Dampierre aux cris de : « Vive la République ! » et comme soulevée par un enthousiasme qui rendait le sol élastique sous les pieds des soldats, le général aperçut au milieu des volontaires un vieillard à cheveux blancs qui versait des pleurs en se frappant le sein. « Qu'as-tu, mon ami, lui dit Dampierre ; est-ce le moment de s'attrister pour un soldat que celui qui le mène à la victoire ou à la mort ? — O mon fils ! O mon fils ! se répondit à lui-même le vieux combattant, faut-il que la pensée de ta honte empoisonne pour moi un si glorieux moment !... Il raconta au général que son fils, enrôlé dans le premier bataillon de Paris, avait déserté son drapeau, et qu'il était parti à l'instant lui-même pour le remplacer et pour donner sa vie en échange du bras que la lâcheté de son fils avait enlevé à la nation. Ce trait de Romain fut consigné dans les proclamations de Dumouriez à son armée. Les jeunes soldats voulaient connaître ce vétéran qui rachetait de son sang la faute de son fils, et pensaient à leur père en le voyant.

L'histoire ne doit pas oublier le nom de ce vieillard à l'âme stoïque. Il s'appelait Jolibois. Dampierre le signala à Dumouriez, qui le nomma officier sur le champ de bataille.

(*D'après Lamartine.*)

M. Desmortiers. — C'était au mois de septembre 1870, au moment du blocus de Paris. Les Prussiens faisaient des réquisitions en dehors de leurs lignes. Ils s'avancèrent sur l'Isle-Adam et le village de Parmain. Le 22, un de leurs détachements est repoussé par les gardes nationaux et les francs-tireurs, sous la conduite de M. Capron. Quelques jours après, ils reviennent au nombre de 1500. Ils tournent les francs-tireurs, qui sont obligés de battre en retraite. L'un d'eux M. Desmortiers, un vieillard de 71 ans, ancien juge d'instruction à Paris, était pris, un fusil à la main. On l'entraîne devant un groupe d'officiers allemands : — « J'ai servi mon pays, dit-il ; j'ai fait ce que tous les Français devraient faire ! » Et comme on le menait dans un champ de betteraves pour le fusiller, il s'écria : « Je meurs pour la patrie, je meurs content ! »

TITRE II.

OFFICIERS EN MISSION.

Art. 34. Lorsqu'un officier général ou autre a une mission particulière à donner, un ordre verbal ou un ordre important cacheté à transmettre, *il emploie les officiers qui méritent toute confiance et qu'il puisse initier au contenu des dépêches.*

L'officier qui envoie un ordre verbal le fait répéter par celui qui est chargé de le transmettre.

Les ordres importants doivent être portés par plusieurs officiers suivant des chemins différents; autant que possible ils doivent être écrits.

Un officier envoyé en mission dans un pays occupé par des postes ennemis doit être accompagné par deux cavaliers au moins, choisis parmi les hommes bien montés. Il évite les villes et les villages, préfère aux grandes routes les chemins de traverse, se repose le moins possible et seulement dans les lieux écartés. Dans les chemins qui lui paraissent dangereux, il se fait précéder par un des cavaliers. Il doit toujours être prêt à déchirer ses dépêches et à les faire disparaître ; il se prépare à faire des réponses adroites aux questions que l'ennemi peut lui adresser sur l'objet de sa mission ou sur la situation de l'armée, et ne se laisse intimider par aucune menace.

Lorsqu'un officier en mission est blessé ou malade, il s'adresse au commandant des troupes les plus proches, et lui transmet son ordre ou sa dépêche ; celui-ci en donne reçu et désigne immédiatement un autre officier pour remplir la mission.

Dévouement de trois hussards. — Thionville, défendue par Wimpfen, fut bloquée le 23 août 1792, et délivrée le 16 octobre.

Le 20 septembre 1792, on désespérait de voir arriver des secours. Trois hussards se présentent et reçoivent du général des dépêches pour aller chercher à obtenir des secours de Metz. Ils traversent les sentinelles ennemies, se font jour à travers le feu et parviennent à leur destination. Le blocus est levé ; et c'est ainsi que trois hommes ont sauvé Thionville.

Ils ne proférèrent que ces courtes paroles : « Nous savons braver la mort. »

Le soldat Mauramble. — Au premier siège de Constantine, le maréchal Clauzel, dont l'armée se trouvait séparée en deux groupes par le torrent du Rummel, veut faire porter au général de

Rigny l'ordre d'attaquer simultanément la ville. Il fallait traverser le torrent, aux eaux impétueuses, sous le feu des Arabes. Plusieurs cavaliers tentent l'entreprise ; mais ils sont emportés, eux et leurs montures, par la violence du courant. Le soldat Mauramble, du 2ᵉ léger, s'offre alors à servir de messager. Il se déshabille et se jette à l'eau, sa dépêche suspendue au cou dans une bouteille. Après des efforts surhumains, il atteint la rive opposée. Au moment où il sort de l'eau, il est salué d'une grêle de balles partie des murs de la ville.

Il arrive sain et sauf auprès du général de Rigny et reçoit la croix de la Légion d'honneur, en récompense de son acte de courage.

Le préfet Valentin à Strasbourg. — Le Gouvernement de la Défense nationale choisit comme préfet de Strasbourg, un Alsacien, ancien représentant du peuple en 1848, Edmond Valentin. Or Strasbourg était alors assiégée par les Badois et privée de toute communication avec le reste de la France. Valentin, qui avait été soldat et qui était un ardent patriote, accepta cette périlleuse mission et jura de la remplir. Il fit coudre dans la doublure de la manche de son habit le décret et les instructions du Gouvernement et partit. Il parvint à franchir, après mille dangers, les avant-postes ennemis et arriva auprès des remparts de la ville. Des deux côtés était dirigé un feu violent. Les obus se croisaient sur la tête de Valentin, qui s'était jeté dans les fossés pleins d'eau. Les

Français l'aperçoivent, le prennent pour un ennemi, tirent sur lui et le manquent. Valentin qui, devant ce nouveau péril, a gardé tout son sang-froid, hèle ses compatriotes et aborde enfin. Là il est entouré par des soldats qui lui demandent d'où il vient et ce qu'il veut. — Menez-moi au général, dit-il. — On l'y conduit. — Valentin, ruisselant d'eau et couvert de boue, arrive près du général Uhrich, justement étonné de cette apparition ; sans rien dire, il découd la manche de son habit, en retire le décret qui le nommait préfet de Strasbourg et le tend au général. Celui-ci le prend, le lit et, ému de cette merveilleuse aventure, présente à ses officiers l'héroïque envoyé du Gouvernement.

Le commandant Franchetti. — Ancien lieutenant de cavalerie, Léon Franchetti avait organisé, pendant le siège, le corps des *éclaireurs de la Seine*. Il en fit une troupe qui devait rendre à l'armée de Paris, les mêmes services que les uhlans à l'armée prussienne. A la tête de ses hommes, il se distingua dans diverses escarmouches, notamment au *Carré-Pompadour*, en avant de Maisons-Alfort, où il mit en fuite un parti de hussards prussiens. Il périt glorieusement à Champigny, dans les circonstances suivantes :

Vers la fin de la bataille du 2 décembre, il accompagnait le général Ducrot sur les hauteurs de Villiers ; tout à coup il faut faire venir de nouvelles munitions : Franchetti s'élance pour presser l'arrivée du convoi.

C'est alors qu'un éclat d'obus lui fait une atroce blessure à la cuisse gauche et ouvre le flanc de son cheval. L'intrépide soldat se raidit contre la douleur ; il essaye de maintenir encore sa monture, de la pousser en avant et il trouve la force d'atteindre un chemin creux qui descend vers Petit-Bry. Enfin, il tombe au milieu de quelques-uns de ses cavaliers; et, tandis qu'on le panse, il s'écrie : « Courage, mes amis ; continuez... nous tenons la victoire ! » Et puis, sentant la gravité de sa plaie, il ajoute : « Vous direz à ma femme que je suis mort en brave Français... Vous, maintenez dignement notre escadron ».

Il souffrait cruellement ; on l'entendit alors murmurer : « Tu l'as voulu, ne te plains pas. »

Mort en mission. — Paris était bloqué; les communications étaient interrompues entre la ville et la délégation du Gouvernement qui, de Tours, organisait la défense nationale. Un officier du génie, le capitaine Legrand, s'offrit à traverser les lignes prussiennes, qui tenaient la capitale étroitement enserrée dans un cercle de fer. Il résolut de passer, en suivant le lit de la Seine, entre Choisy-le-Roi, son pays d'origine, et le confluent de la Marne. Il se revêtit d'un scaphandre et suivit le fond du fleuve, risquant à chaque instant d'être asphyxié et devant éviter d'être aperçu par les sentinelles prussiennes qui en surveillaient les bords. Il est probable qu'il n'échappa pas à leurs investigations, car, il y a peu d'années, on retrouva dans le fleuve des débris humains emprisonnés dans un scaphandre. Celui-ci était transpercé de trous paraissant provenir de coups de feu. Des papiers demeurés intacts dans un étui de fer-blanc, malgré le temps et le séjour dans l'eau permirent d'établir l'identité du capitaine Legrand. Honneur à ce martyr du devoir, dont la mort obscure est aussi glorieuse que celle du champ de bataille !

Le lieutenant de vaisseau Latour, à Fou-Tchéou (*août* 1884). — L'amiral Courbet attaque la flotte chinoise à Fou-Tchéou, et désigne à ses torpilleurs le vaisseau qu'ils doivent aborder. Au signal donné, le lieutenant de vaisseau Latour, commandant le torpilleur 45, se lance avec les 11 hommes de son équipage sur le vaisseau ennemi qui lui a été indiqué dans l'ordre de combat. Il porte sa torpille qui éclate dans le flanc de l'adversaire. Celui-ci commence à couler. Mais il va entraîner avec lui le torpilleur français qui a son avant engagé dans les flancs du navire et ne peut s'arracher à cette périlleuse situation. — Sur le pont, les Chinois, se sentant perdus, font un feu d'enfer sur le torpilleur. Le lieutenant Latour est atteint d'une balle à l'œil. Il garde tout son sang-froid et commande d'une voix calme de faire machine arrière, pour se dégager.

Derrière lui, il entend les gémissements d'un blessé. C'est un matelot qui se plaint : il a le bras brisé d'un coup de fusil. — Taisez-vous !

— J'ai le bras cassé, mon capitaine.

— J'ai l'œil crevé, moi, et je ne dis rien.

Le soldat, à qui tant de calme dans la souffrance sert de leçon, cesse ses plaintes.

L'officier commande une fois encore : « Machine arrière ! » et cette fois parvient à sortir de sa périlleuse situation. Il est accueilli au retour par les hourrahs de l'escadre, ayant montré une fois de plus que nos officiers savent reculer les limites de l'héroïsme quand ils ont à remplir une périlleuse mission.

TITRE V.

SURVEILLANCE A EXERCER DANS LES CANTONNEMENTS.

CHAPITRE PREMIER

Art. 70. Dans les cantonnements, les officiers et les sous-officiers doivent redoubler de surveillance pour assurer l'entretien des effets et des armes, la propriété corporelle, les soins à donner aux chevaux et au harnachement, la conservation des munitions et des vivres de réserve. Ils passent fréquemment dans les logements, visitent les écuries, s'assurent que les hommes sont pourvus de tout ce que l'habitant doit leur fournir, *répriment sévèrement toute exigence illégitime, s'attachent à maintenir la bonne intelligence entre les soldats et leurs hôtes*, prennent note des réclamations qui leur paraissent fondées, y font droit ou en rendent compte.

Le maréchal Villars à l'armée de Flandre. — L'armée qui triompha avec Villars à Denain (1712) était dans une situation déplorable :

point d'habits, point d'armes, point de pain. Il arrivait à peine chaque jour au maréchal le blé nécessaire à la subsistance du lendemain. « Pour donner du pain aux brigades que je fais marcher, écrivait-il, je fais jeûner celles qui restent; dans ces occasions, je passe dans les rangs, je caresse le soldat, je lui parle de manière à lui faire prendre patience, et j'ai eu la consolation d'en entendre plusieurs dire : « Monsieur le maréchal a raison, il faut souffrir quelquefois. » Au lieu de les abattre, ces souffrances endurées en commun resserraient les liens qui attachaient le chef à sa troupe, et, au jour du danger, ils ne voyaient plus que l'ennemi à vaincre et la patrie à sauver.

A la bataille de Malplaquet, les soldats de Villars, ayant manqué de pain un jour entier, venaient de le recevoir. Ils en jetèrent une partie pour courir plus légèrement au combat.

(*Voltaire.*)

Entrée des Français à Amsterdam (1794). — La campagne de 1794 fera époque dans l'histoire des nations. Un patriotisme pur soutint les soldats républicains ; car jamais ils ne coururent à la victoire plus gaiement et sans commettre moins d'excès. L'histoire racontera, par exemple, avec quelle résignation de paisibles citoyens arrachés de leurs foyers, transformés en soldats par une loi, après avoir bivouaqué un mois entier dans le terrible hiver de 1794, sans bas, sans souliers, privés même des vêtements les plus indispensables et forcés de couvrir leur nudité avec quelques tresses de paille, franchirent les fleuves glacés, et pénétrèrent enfin dans Amsterdam *sans commettre le moindre désordre* (1). Cette cité fameuse par ses richesses, et qui devait s'attendre à moins de ménagements, vit avec une juste admiration dix bataillons de ces braves à demi nus, entrer triomphants dans ses murs, au son d'une musique guerrière, placer leurs armes en faisceaux et bivouaquer pendant plusieurs heures sur la place publique, *au milieu de la neige et de la glace*, et attendant avec résignation, sans laisser échapper un murmure, qu'on pourvût à leurs besoins et à leur casernement. Tels furent les premiers soldats de la République; tous les partis leur doivent cette justice.

(Jomini.)

Fournisseurs punis (1809). — L'empereur Napoléon, dont l'armée occupait depuis quelque temps l'île de Lobau, dans le Danube, y transporta ensuite son quartier général. Son premier soin fut de visiter ses soldats dans leurs bivouacs. Ils prenaient alors leur repas : « Eh bien, mes

---

(1) Voici des chiffres qui donneront une idée de la misère de l'armée française.

Il fut un moment où la solde (en argent) d'un officier ne montait pas à plus de 3 fr. par mois. On fut obligé, pour les tirer du plus affreux dénuement, de leur accorder, en 1795, le tiers de leurs appointements en numéraire, et un capitaine toucha alors 70 francs par mois.

amis, dit-il à un groupe devant lequel il s'était arrêté, comment trouvez-vous le vin ? — Il ne nous grisera pas, sire, répondit un grenadier en montrant le Danube ; voilà notre cave ». L'empereur, qui avait ordonné la distribution d'une bouteille de vin par homme, fut surpris de voir ses ordres si mal exécutés. Il fit prendre des informations, et l'on découvrit que les employés aux vivres, chargés de ce service, avaient vendu à leur profit le vin destiné aux troupes de l'île. Ces misérables furent aussitôt arrêtés, traduits devant une commission militaire, et punis selon la rigueur des lois. *(Barrau.)*

Probité militaire : l'adjudant Trochet. — « Le général commandant la 1re division de cavalerie de l'armée de Versailles est heureux de porter à la connaissance des troupes sous ses ordres, un trait de dévouement et de probité accompli par l'adjudant Trochet, du 7e régiment de chasseurs.

« Au moment du désastre de Sedan, ce sous-officier a sauvé, des mains des pillards et des Prussiens, la caisse de son régiment, contenant 12,000 francs en or. Fait prisonnier de guerre, il a su soustraire son dépôt à la rapacité de nos ennemis. Dans ses mauvais jours d'exil et de privation, où les besoins se faisaient si vivement sentir, il a préféré souffrir, plutôt que d'entamer le dépôt qui lui était confié. Manquant d'argent pour faire sa route et rentrer dans sa patrie, il a emprunté, mais il a gardé intacte la caisse de son régiment.

Honneur à vous, adjudant Trochet, qui avez poussé si haut le sentiment de la délicatesse qui malheureusement tend à s'affaiblir de nos jours. Votre belle conduite doit servir de modèle et être citée partout. Votre général est heureux de vous adresser publiquement les hommages que vous méritez. Il vous recommandera d'une manière toute particulière au Ministre de la Guerre, qui saura apprécier votre dévouement à l'honneur. »

(Général Halna de Fretay.)
(*Ordre du jour du 1er juin* 1871.)

TITRE VIII.

AVANT-GARDE ET ARRIÈRE-GARDE.

CHAPITRE II.

Avant-garde.

Art. 125. Indépendamment des services d'exploration et de sûreté accomplis par la cavalerie, les colonnes en marche sont encore protégées par une *avant-garde*.

La force de cette avant-garde, proportionnée à celle de la colonne qu'elle couvre, doit être suffisante pour qu'elle puisse marcher à grande distance, s'emparer des positions avantageuses, attaquer l'ennemi vigoureusement, ou tout au moins le contenir assez longtemps pour que le corps principal ait le temps de prendre ses dispositions de combat, d'entrer en ligne ou de se retirer.

Arrière-garde.

Art. 127. L'*arrière-garde* a pour mission d'observer tout ce qui se passe en arrière de la colonne en marche, de la prévenir si elle est menacée, et de résister énergiquement pour lui donner le temps de prendre ses dispositions de combat.

Chevardin à Torfou (1793). — L'affaire de Torfou fut des plus sanglantes. — Les braves Mayençais se firent hacher plutôt que de rendre les armes. Trois fois la cavalerie vendéenne se précipita sur leurs rangs, et trois fois un feu meurtrier et le fer des baïonnettes l'en écartèrent.
La colonne mayençaise dut simplement son salut à la résolution héroïque de Chevardin, chef de bataillon des chasseurs de Saône-et-Loire. Kléber, déjà grièvement blessé et se sentant de plus en plus vivement pressé par les Vendéens, arriva au pont de Boussay, y fit placer deux pièces de canon et dit à Chevardin : « Tu vas rester ici et défendre ce passage. « Tu seras tué, « mais tu sauveras tes camarades. — Oui, géné- « ral, » répondit avec une généreuse vivacité le digne Chevardin, dont l'âme élevée était à la hauteur d'un grand dévouement. Il combattit et mourut au poste qui lui était assigné, mais le passage ne fut point forcé; la colonne républicaine acheva paisiblement sa retraite et eut le temps de se réunir aux troupes de Vimeux et de Dubayet, avec le secours desquelles elle put même reprendre un instant l'offensive.

(Abel Hugo.)

Mort du général Bloss. — « Le brave général Bloss arrive aussi, et, comme un autre Horatius

Coclès, il reste le dernier pour défendre le pont de l'Oudon, et reçoit un coup de feu.

« Je vis alors que le seul parti qui nous restait à prendre était de mettre quelque ordre dans notre retraite, pour aller occuper la position derrière la rivière d'Oudon, au Lion-d'Angers.

« Dans cet instant, Bloss, sans chapeau, la tête ceinte d'un mouchoir qui bandait sa plaie, reparaît, escorté de cinq à six chasseurs, se dirigeant vers le pont. Savary court à lui. « Viens avec « moi, lui dit-il, tâchons de rétablir l'ordre dans « la retraite. — Non, répond vivement Bloss, il « n'est pas permis de survivre à la honte d'une « pareille journée. » A peine a-t-il fait quelques pas sur le pont, qu'il est frappé d'un coup mortel ; il tombe, et plusieurs de ses camarades, voulant venger sa mort, expirent à ses côtés. Ainsi périt l'un des plus vaillants et des meilleurs officiers de l'armée... (1793.)

(*Kléber.*)

Jourdan à Fleurus (26 *juin* 1794). — A Fleurus, Jourdan parcourait les rangs, encourageant les soldats par son exemple. Un moment, il entend résonner à son oreille le mot de *retraite*. Indigné, il s'écrie : « Point d'autre retraite que celle de l'ennemi : la mort ou la victoire! » Ce cri héroïque électrise les soldats qui reprennent courage et marchent en avant en répétant : « La victoire ou la mort! » Les Autrichiens abandonnent le champ de bataille en y laissant dix mille des leurs.

Le chasseur Fortunas au siège de Dantzig.
— A l'attaque de l'île d'Holm, un chasseur du 12ᵉ régiment d'infanterie légère, nommé Fortunas, tomba au milieu d'un détachement russe. Peu d'instants après, une compagnie française surprit les officiers de ce détachement. Ceux-ci crièrent aussitôt : « Ne tirez pas, nous sommes Français », et défendirent à leur prisonnier de parler sous peine de mort. Mais l'héroïque Fortunas s'écria d'une voix forte : « Tirez, mon capitaine, ce sont des Russes! » et tomba victime de son sublime dévouement.

(L'héroïsme militaire.)

Un émule de Viala. — C'était au siège de Dantzig, le 21 mai 1807. Le maréchal Lefebvre se prépara à enlever la ville d'assaut. Il disposa ses colonnes au pied des palissades ennemies. D'énormes poutres suspendues par des cordes menaçaient les assaillants. Un chasseur du 12ᵉ léger, *François Vallé*, s'offrit pour aller couper les cordes et faire tomber les poutres. Il accomplit cet acte périlleux sous une pluie de balles et ne fut blessé qu'en redescendant. Heureusement ce brave ne succomba pas à sa blessure.

(L'héroïsme militaire.)

Henri Regnault à Buzenval. — Henri Regnault, fils de l'illustre chimiste, naquit en 1843; il s'annonçait déjà comme le successeur des peintres Géricault et Delacroix.

Cet héroïque jeune homme était aussi bon

patriote que grand peintre ; il périt, à 28 ans, pour la défense de la patrie.

Sa mort mérite d'être racontée. Exempt du service militaire comme élève de l'école de Rome, il était au Maroc, en 1870, lorsqu'il apprit que la guerre était déclarée ; il accourut à Paris et se fit incorporer dans un régiment de marche. Il prit part à la grande sortie du 19 janvier 1871, et se battit à Buzenval. Au moment, où le soir de ce jour, après une lutte sanglante, on donnait le signal de la retraite, Henri Regnault, resté en arrière, répondit à l'appel de ses amis :

— « *Le temps de brûler mes dernières cartouches et je vous rejoins.* »

Il tira, en effet, plusieurs coups de fusil, mais ses camarades ne le virent pas revenir. On retrouva son cadavre la tête percée d'une balle prussienne.

Mort du colonel Achilli. — Une réponse héroïque fut celle du colonel Achilli, au combat de la Cluse, pendant la retraite de l'armée de Bourbaki. (1871.)

Tout meurtri de deux blessures reçues, la première, au pied, à Juranville, la seconde, à la cuisse, à Villersexel, il n'en continuait pas moins à défendre vaillamment les défilés. Voyant que quelques-uns de ses soldats, découragés, blessés peut-être, murmuraient :

— Qu'avez-vous donc ! leur dit-il ; pendant que les autres passent en Suisse, vous restez en France, et vous vous plaignez !

— C'est que, ici, nous allons nous faire tuer, colonel.

— Eh bien, c'est ce que je vous disais : vous *resterez* en France.

Ce mot est si sublime qu'il mérite de rester comme l'oraison funèbre de ce brave colonel qui mourut une heure après, frappé d'une balle au ventre.

TITRE VIII.

PATROUILLES.

CHAPITRE II.

Art. 118. Les patrouilles battent l'estrade sur le front et les flancs de l'ennemi.

. . . .

Le rôle des patrouilles n'est pas de combattre, mais de prendre le contact de l'ennemi, de s'attacher sans relâche à son front et à ses flancs, de suivre ses mouvements et de saisir toute occasion de lui faire des prisonniers.

Si elles sont repoussées par des forces supérieures, elles se replient dans la direction des réserves, *mais sans jamais perdre le contact.*

Les réserves recueillent les patrouilles; et si à leur tour elles sont trop pressées, elles se dérobent, *toujours en conservant le contact,* et avertissent le général commandant la division.

Aussitôt que les circonstances le permettent, les patrouilles de découverte et les réserves reprennent la marche en avant.

Le chevalier d'Assas. — Les braves actions de nos officiers et de nos soldats sont innombrables dans toutes les guerres ; mais il y en a eu de si singulières, de si uniques dans leur espèce, que ce serait manquer à la patrie que de les laisser dans l'oubli. En voici une qui mérite d'être à jamais conservée dans la mémoire des Français.

Le prince héréditaire de Brunswick veut surprendre, auprès de Wesel, un de nos corps d'armée commandé par le marquis de Castries. Le général français, qui se doute du dessein du prince, fait coucher son armée sous les armes ; il envoie à la découverte, pendant la nuit, M. d'Assas, capitaine au régiment d'Auvergne. A peine cet officier a-t-il fait quelques pas, que des grenadiers ennemis en embuscade l'environnent et le saisissent à peu de distance de son régiment ; ils lui présentent la baïonnette, et lui disent que, s'il fait du bruit, il est mort. M. d'Assas se recueille un moment pour mieux renforcer sa voix ; il crie : « A moi, Auvergne : voilà les ennemis ! » Il tombe aussitôt percé de coups.

(*Voltaire.*)

Dévouement d'un chef de patrouille. — En juillet 1793, le duc d'York assiégeait Valenciennes. Pendant le blocus, des patrouilles parcouraient les environs. *Gay* commandait l'une d'elles. Approchant des avant-postes, il ne pouvait se faire reconnaître de ses propres camarades à cause d'un brouillard épais. Ceux-ci firent feu sur lui et son escouade. C'est alors qu'il dit à ceux-ci : « Camarades, mettez-vous ventre à terre, moi je vais me faire reconnaître. Quand je devrais perdre la vie, je me dévoue à la mort et je sauverai mes camarades. » Il fut effectivement dangereusement blessé, mais il sauva son escouade.

Le capitaine de Nervau à la Chapelle (1ᵉʳ *septembre* 1870). — Le 1ᵉʳ septembre, à Sedan, vers huit heures du matin, alors que toute l'armée était engagée, l'aile droite des Prussiens se développa et commença à contourner la Chapelle. La position était défendue par un bataillon de francs-tireurs composé de 653 hommes ; elle était importante, car si les francs-tireurs venaient à être tournés sur ce point, l'armée perdait son dernier moyen de retraite : enfin, la situation de nos francs-tireurs, éloignés de 6 kilomètres du reste de l'armée, sans espoir de secours en cas d'attaque, n'était pas sans péril.

« Pendant une demi-heure, dit l'un des combattants, les bombes, les boulets et la mitraille pleuvent avec une admirable précision sur nos ouvrages ; ce qui résistait aux balles ne résiste plus aux boulets ; des jours se forment, se comblant par des morts ; la situation devient embarrassante, le courage ne faiblit pas. Tout à coup la terreur se met parmi nous, non la crainte ; un seul cri part du village : « Nous venons de tirer sur des Français ! » Notre feu cesse aussitôt, la fumée se dissipe et nous voyons tournoyer des masses énormes de troupes montant la côte en désordre.

« C'est alors que le capitaine de Nervau, de la 6ᵉ compagnie, n'écoutant que son courage, s'élance de la barricade, la franchit seul, et va au-devant des troupes, à la distance de 500 mètres, leur demander si ce sont des Français ou des Prussiens.

« **Aux** mots : *Nous sommes des Prussiens !* le capitaine se retourne, regagne la barricade, et le lieutenant Girard qui le remplaçait pendant son absence et qui attendait avec anxiété la réponse du capitaine, n'attend même pas qu'il soit rentré pour commander le feu sur toute la ligne : les balles sifflent autour du capitaine et rejettent l'ennemi de sa position. »

TITRE IX.

SERVICE DE SURETÉ.

(Le service de sûreté comprend les avant-postes et les reconnaissances.)

Ire PARTIE.

AVANT-POSTES.

CHAPITRE Ier.

CONSIDÉRATIONS GÉNÉRALES.

Mission des avant-postes.

Art. 164. Les avant-postes ont pour mission :

1° *De renseigner* la troupe qu'ils couvrent sur la position et les mouvements de l'ennemi ;

2° *De la protéger* contre les surprises et de lui donner le temps de se préparer au combat.

. . . .

Art. 167. Le commandant des avant-postes est responsable de la sûreté des troupes qu'il est chargé de couvrir. *Sa vigilance doit être de tous les instants.* Il visite fréquemment ses grand'gardes, leur donne des instructions, reconnaît et fait reconnaître par les divers groupes le terrain sur lequel ils peuvent avoir à combattre. Il ordonne les changements pour le service de nuit, assez à temps pour que les chefs de détachements puissent s'orienter pendant le jour sur le terrain qu'ils occuperont ; mais il ne fait prendre les emplacements de nuit que lorsque l'obscurité permet de dérober les mouvements à l'ennemi.

Dans les cas urgents, il vérifie personnellement les renseignements reçus, adresse un rapport au général de brigade, ou lui envoie l'officier qui a fait la reconnaissance.

En cas d'attaque, il prévient les troupes en arrière, *résiste énergiquement sur les positions qu'il a choisies, et ne se retire que lorsqu'il en reçoit l'ordre.*

Les devoirs et la responsabilité des commandants de grand'garde et de petit poste sont analogues, dans la sphère d'action qui leur est attribuée, à ceux du commandant des avant-postes.

Surprise de Bitche en 1793. — Le fort de Bitche est situé sur un roc escarpé, au-dessus de la ville du même nom. Ce roc a 75 pieds d'élévation. Les Prussiens espéraient s'en emparer par surprise et, dans la nuit du 16 au 17 novembre 1793, 1,600 volontaires, tous hommes d'élite, s'en approchèrent dans le plus grand silence et munis de tout ce qu'il fallait pour une escalade. Leur opération réussit d'abord, ils s'emparèrent de la ville et surprirent un poste de 40 hommes ; puis ils vinrent à bout de forcer la première enceinte du fort. La garnison, composée du deuxième bataillon du Cher, dormait tranquille dans un poste réputé inabordable. Un factionnaire donna l'alarme, réveillé par le bruit que les Prussiens avaient fait en voulant enfoncer la principale porte, les soldats en chemise coururent aux murailles et, s'armant à la hâte de tout ce qui leur tomba sous la main, firent pleuvoir sur l'ennemi une grêle de pierres, de grenades et de bombes. La plupart des assaillants furent tués ou blessés, un très petit nombre parvint à s'échapper. — On vit dans cette circonstance un citoyen donner un bel exemple de patriotisme et de courage civique. Une petite maison en bois existait du côté par lequel on supposait que les Prussiens s'étaient retirés ; le propriétaire y mit le feu : « Elle servira de flambeau, dit-il, pour nous éclairer. » En effet, à la lueur des flammes se projetant sur les montagnes, on aperçut des masses d'ennemis qui attendaient sans doute l'issue de l'entreprise ; l'artillerie du fort fut aussitôt dirigée de leur côté et leur fit éprouver de grandes pertes. La place était sauvée.

Surprise rachetée par une mort héroïque.
— Le 4 octobre 1796, une compagnie de la 38ᵉ demi-brigade occupait Waldshutt, dans la forêt Noire. Elle fut surprise pendant la nuit, à l'improviste, par un escadron de cavalerie autrichienne. Le capitaine Roux, éveillé par le bruit, descend de sa chambre, le sabre à la main, et crie : « Aux armes! » Il est entouré aussitôt par un peloton ennemi qui le menace de le tuer, s'il ne se tait et ne se rend prisonnier. Le capitaine, pour sauver sa compagnie, s'écrie : « A moi, soldats! Ce sont les Autrichiens, faites feu! » Nos troupes, prévenues, font feu sur l'ennemi ; le capitaine Roux tombe percé de coups. Mais la petite garnison est sauvée.

Détrie au Borrego. — En juin 1862, le général Lorencez était menacé dans Orizaba par l'armée mexicaine. Il n'avait que 4,000 hommes à opposer aux forces de Zaragoza. L'insuffisance de son effectif l'avait empêché d'occuper le Cerro-Borrego, qui domine la ville, et sur la crête duquel le général Ortega était parvenu à se hisser avec des obusiers, qui, le lendemain, pouvaient foudroyer la place, d'une hauteur de 300 mètres.

Dans la nuit du 13 au 14, le colonel Lhériller, du 99ᵉ de ligne, envoie le capitaine Détrie reconnaître la montagne de Borrego, où des bruits insolites lui ont été signalés.

Cet officier part avec sa compagnie, se hisse

après de prodigieux efforts jusqu'aux paliers étagés qui forment le faîte de la montagne. La nuit est tellement obscure qu'on ne se voit pas à 4 mètres. Les éclaireurs qui marchent en tête se heurtent à un gros de Mexicains et essuient une vive fusillade. Le capitaine Détrie fait mettre sac à terre à ses soldats et les lance à la baïonnette sur l'ennemi. Celui-ci, surpris par l'impétuosité de cette rapide attaque, recule. Mais la petite troupe a subi des pertes douloureuses; le lieutenant, plusieurs sous-officiers sont blessés. Le capitaine Détrie embusque ses soldats, prêts à faire face à un retour offensif des Mexicains, en attendant des renforts. Il reste une heure et demie dans cette situation. Enfin arrive la compagnie du capitaine Leclerc, vers trois heures du matin. Ce renfort permet au capitaine Détrie de brusquer une nouvelle attaque. Sans riposter au feu des Mexicains, nos soldats fondent sur eux, la baïonnette en avant, les précipitent de la hauteur et s'emparent des obusiers. Le lendemain, les Français, du haut du Borrego, canonnaient Zaragoza, qui devait se retirer. Le capitaine Détrie, promu depuis quinze jours seulement, reçut le quatrième galon en récompense de son audace et de son sang-froid. Le héros du Borrego est devenu général de division.

La surprise de la Villa-Evrard (*décembre 1870*). — La brigade Blaise a attaqué de front la Villa-Evrard que l'on occupe et qu'on met en état de défense. Le soir, entre huit et neuf heures, dans une villa située à l'extrémité droite du village, deux mobiles descendaient à la cave pour chercher s'ils ne trouveraient pas quelques bouteilles oubliées dans un coin. Après avoir descendu quelques marches, ils se trouvent en présence d'une porte en fer. La porte s'ouvre : deux coups de feu se font entendre, un des mobiles tombe raide mort ; l'autre remonte et donne l'alarme dans le village. Chaque voûte, chaque maison, chaque cave contient des ennemis ; les soupiraux vomissent des balles et chaque pan de mur abrite un Prussien. Le général Blaise réunit ses troupes, les met en garde contre une panique irréfléchie et s'avance à travers les rues, lorsqu'il reçoit une balle qui entre dans l'épaule ; il continue sa route inquiétante ; une seconde décharge l'atteint et lui brise l'os du fémur. Il est transporté à l'ambulance où il expire au milieu de la nuit. Animés par le désir de venger leur général et furieux d'avoir été surpris, les mobiles se battent avec un grand courage, repoussent les Prussiens, et les poursuivent, la baïonnette dans les reins, en leur tuant énormément de monde. A onze heures, l'ennemi avait complètement disparu. C'est une impéritie, coupable au premier chef, de ne point s'assurer, par tous les moyens possibles, qu'on n'est pas exposé à tomber dans un piège. Ici, il suffisait de sonder les caves et de fouiller les souterrains. La leçon que nous avons reçue à la Villa-Evrard est dure et nous a coûté un de nos bons généraux.

DEVOIRS DES SENTINELLES.

Art. 168. Les sentinelles sont attentives de l'œil et de l'oreille ; elles ne rendent pas d'honneurs, et ne se laissent pas distraire de leur surveillance par l'apparition d'un supérieur. Elles ne peuvent ni déposer leur sac, ni s'asseoir, ni se coucher. Elles ont toujours l'arme prête à faire feu, mais elles ne tirent que si elles aperçoivent distinctement l'ennemi. Dans ce cas, elles doivent tirer alors même que toute défense serait inutile, car le salut du petit poste peut dépendre de cet avertissement.

Les sentinelles font également feu sur quiconque cherche à franchir la ligne malgré leur avertissement.

Pendant le jour, elles laissent passer les officiers et les troupes pour lesquels elles ont reçu des ordres, ou qui appartiennent à la fraction de service aux avant-postes. La nuit, elles les reconnaissent comme les rondes ou patrouilles. Toute autre personne est arrêtée et conduite au petit poste.

Lorsque, pendant la nuit, une sentinelle

entend quelqu'un s'approcher, elle crie : *Halte-là !* Si l'on ne s'arrête pas après qu'elle a crié une seconde fois, elle fait feu. Si l'on s'arrête, elle crie : *Qui vive !* et lorsqu'il lui a été répondu *France, ronde ou patrouille !* elle crie : *Avance au ralliement !* Si le chef de la troupe ne s'avance pas seul, s'il ne donne pas le mot de ralliement ou ne fait pas le signal convenu, la sentinelle fait feu et se replie si c'est *nécessaire, mais en combattant*, et faisant un circuit pour éviter d'attirer directement l'ennemi sur le petit poste.

Le colonel Chevert et le sergent Pascal. — Le maréchal de Saxe dirigea lui-même l'attaque de Prague avec le colonel *Chevert*, un enfant du peuple. Cet audacieux colonel fit venir les sergents de son régiment et leur dit : « Mes amis, vous êtes tous des braves, mais il me faut ici un brave à trois poils. Le voilà, ajouta-t-il, en désignant l'un d'entre eux, le sergent Pascal. Camarade, tu monteras le premier, je te suivrai. — Oui, mon colonel. — En approchant du rempart, une sentinelle te criera : « Qui vive ? » tu ne répondras rien. — Oui, mon colonel. — Elle criera la même chose une seconde fois, tu ne répondras rien encore, rien non plus au troisième appel, mais tu avanceras toujours. Elle tirera et te manquera ; tu tireras à ton tour et tu la tueras ; je

serai là pour te soutenir. — Oui, mon colonel. »
Les échelles furent dressées, le sergent s'avança,
le factionnaire fut tué, Chevert s'élança avec ses
grenadiers, la ville fut prise (novembre 1741).

Grandeur d'âme d'un volontaire. — La faction achevée. — Deux frères, partis en 1792, servaient au 3ᵉ bataillon du Doubs. L'un d'eux est placé en sentinelle perdue. On vient le relever.

La patrouille constate qu'il a succombé sous le feu de l'ennemi. Son frère, venant d'achever près de là sa faction, dit au caporal : « Mon frère n'ayant pu finir la sienne, je vais la continuer pour lui ».

Un autre d'Assas. — Au combat d'Ost-Capelle (Flandres), en 1793, le caporal Morel est envoyé à la découverte. Le ciel est couvert d'un brouillard intense. Au bout de quelques pas, Morel tombe au milieu d'un poste autrichien. Les ennemis se précipitent sur lui, le menaçant de le tuer s'il bronche. Morel s'écrie d'une voix forte, pour donner l'alarme aux Français : « Capitaine, feu, feu sur l'ennemi ! » Il tombe aussitôt percé de coups. Mais les Français ont le temps d'accourir et de repousser l'envahisseur.

Dévouement d'une sentinelle. — Pendant la guerre d'Espagne (1813), un poste français occupant Rose dut son salut au dévouement de la sentinelle. Entendant un bruit de pas, celle-ci cria : « Qui vive ! » On répondit : « France ».

Voyant beaucoup de monde s'avancer, elle cria :
« Aux armes ! » Les soldats espagnols s'élancent
alors sur elle et lui disent en français : « Ne fais
pas de bruit, il ne te sera fait aucun mal ».
Reconnaissant alors les ennemis, la sentinelle
cria plusieurs fois avec force : « Aux armes ! » et
elle tomba sur-le-champ, percée d'un coup d'épée
et de quatre coups de baïonnette. La garde,
avertie par le cri de ce courageux soldat, put
courir aux armes et repousser les Espagnols.

Le factionnaire Mathieu. — C'était pendant
que les Allemands assiégeaient Metz, en 1870.
Les grand'gardes d'un régiment se trouvaient en
arrière du bois de Jury ; les sentinelles avaient été
placées comme d'habitude. Tout à coup, au milieu de la nuit, le soldat Mathieu, qui est en faction, croit entendre un bruit de pas ; il se dirige
doucement vers l'endroit suspect ; mais avant qu'il
ait eu le temps de tirer, il se trouve renversé et
désarmé par des soldats allemands. On lui lie les
pieds et les mains, on le bâillonne.

Mathieu avait été couché près d'une meule ; il
se débarrasse du mouchoir qui paralyse ses mains
et, tirant une allumette de sa poche, il la jette
tout allumée sur la meule qui s'enflamme et
donne ainsi l'éveil aux autres sentinelles. Le petit
poste, prévenu par ce signal, prend les armes et
repousse les Allemands.

CHAPITRE II.

CONDUITE EN CAS D'ATTAQUE PAR L'ENNEMI.

Art. 179. En général, le rôle des avant-postes de sûreté n'est pas de combattre, mais de gagner du temps. Ils ne doivent donc pas chercher le combat; mais, en cas d'attaque, le chef de toute fraction engagée est *tenu de ne reculer devant aucun sacrifice* pour donner aux troupes en arrière le temps de prendre leurs dispositions.

Bayard, le chevalier sans peur et sans reproche, naquit en 1476, au château de Bayard, en Dauphiné.

Il se signala de bonne heure dans les tournois. Il avait à peine seize ans, quand Charles VIII l'attacha à l'armée d'Italie.

Un jour, devant Milan, il chargea avec une telle fureur, qu'il entra seul dans la ville, et fut fait prisonnier. « *Croyais-tu donc prendre la ville, à toi tout seul ?* » lui dit le duc de Milan. À quoi Bayard fit cette réponse, d'une héroïque simplicité : « *Je me croyais suivi de cinquante compagnons* ». Cette repartie désarma le duc, qui lui rendit la liberté.

La ville prise, Louis XII poussa jusqu'à Naples.

Cette fois encore l'expédition tourna mal. Il fallut songer au retour, et, dans cette seconde retraite, Bayard se couvrit d'autant de gloire que dans la première.

C'est à ce moment que se place l'affaire du pont du Garigliano. Bayard s'était un peu écarté du gros de l'armée, en compagnie d'un gentilhomme nommé Pierre de Tardes. Tout à coup l'ennemi paraît à l'improviste. « *Va prévenir les Français* », dit Bayard à son compagnon. Pendant ce temps, Bayard court à la tête du pont que les Espagnols voulaient passer, s'adosse à la barrière, et, faisant face à l'ennemi, lui tue quatre soldats, un chef, et manœuvre si vaillamment son épée, que les ennemis pensèrent avoir affaire non à un homme, mais à un diable. Les Français eurent le temps d'arriver, et l'ennemi prit la fuite.

De ce jour, Bayard mit sur son écusson un porc-épic, hérissant toutes ses pointes, avec cette devise : « *Fort à lui seul comme une armée* ».

Elle est de Bayard cette fière réponse à ceux qui lui représentaient l'impossibilité de défendre Mézières, mal fortifiée : « *Il n'y a pas de place faible, quand il y a des gens de cœur pour la défendre.* »

Blessé mortellement, il se fit tourner le visage face à l'ennemi, disant que « *ne lui ayant jamais tourné le dos pendant sa vie, il ne voulait pas commencer à ses derniers moments.* »

Au connétable de Bourbon, — un traître, — qui le plaignait, il répondit : « *Ce n'est pas moi* qu'il faut plaindre, mais vous, qui trahissez votre patrie et vos serments. »

Le sergent Blandan. — « Le 11 avril 1842, 21 hommes portant la correspondance sont assaillis en plaine entre Bouffarick et Mered par deux ou trois cents cavaliers arabes : le chef des soldats français, tous du 26e de ligne, était un sergent nommé Blandan. L'un des Arabes croyant à l'inutilité de la résistance d'une si faible troupe s'avance et somme Blandan de se rendre : celui-ci répond par un coup de fusil qui le renverse ! Alors s'engage un combat acharné, Blandan est frappé de trois coups de feu; en tombant il s'écrie :

« Courage, mes amis, défendez-vous jusqu'à la mort. »

« Sa noble voix a été entendue de tous, et tous ont été fidèles à son ordre héroïque; mais bientôt le feu supérieur des Arabes a tué ou mis hors de combat 17 de nos braves, plusieurs sont morts, les autres ne peuvent plus manier leurs armes.

« Le lieutenant-colonel Morris, du 4e chasseurs d'Afrique, accourt auprès de Blandan, et mettant pied à terre, s'approche de lui et l'entend dire : « Courage, mes amis, défendez-vous jusqu'à la mort !... »

Il détache sa propre croix de la Légion d'honneur et la met dans la main du sergent, qui la porte à ses lèvres et expire en la baisant.

La postérité reconnaissante a élevé (1887) une statue au sergent Blandan à Bouffarick. Tous les ans, le 11 avril, le 26ᵉ de ligne célèbre une fête de régiment en l'honneur du héros de Beni-Mcred.

Le 12ᵉ dragons à Forbach (6 *août* 1870). — Notre cavalerie, qui n'avait eu aucun rôle à jouer pendant la bataille, trouva vers le soir l'occasion d'agir. Les troupes primitivement chargées de la défense du débouché des bois, ayant dû se replier, il ne resta sur ce point qu'une compagnie du génie et une partie du 12ᵉ dragons (colonel de Juniac). Deux escadrons de ce régiment mirent pied à terre, se placèrent derrière les petites tranchées construites rapidement par le génie, et ouvrirent le feu contre les têtes des colonnes qui s'avançaient. Les ayant arrêtées, ils remontèrent à cheval et chargèrent l'ennemi qu'ils parvinrent à repousser. Après ce brillant exploit, ils se replièrent derrière la ligne du chemin de fer; avec l'aide de la compagnie du génie, ils maintinrent leurs positions assez longtemps pour permettre aux troupes qui occupaient Forbach de prendre leurs dispositions militaires. Ce fait d'armes d'une troupe à cheval, combattant à pied, méritait d'être cité. (*Général Bonie.*)

Énergie d'un officier français (*Insurrection arabe de* 1871). — Obéissant à un de ces mots d'ordre qui circulent on ne sait comment en pays musulman, les spahis indigènes qui formaient la garnison d'Aïn-Chettar se révoltèrent brusquement un matin, alors que revenant de la manœuvre, ils descendaient de cheval dans la cour du bordj, et ils se précipitèrent vers la chambre servant de petit arsenal, où étaient gardées les munitions, pour les piller.

L'attaque avait été si brusque et si imprévue, qu'ils faillirent réussir. Mais le capitaine qui commandait le bordj était un homme d'une singulière énergie. C'était un vieil Algérien familier avec toutes les surprises. Il se remit vite. Il appela les quelques Français qui composaient le cadre de sa petite troupe. On n'imagine point ce que peuvent la décision et le sang-froid. Il lui restait encore un peu de prestige de son autorité : il brûla la cervelle du premier qui essaya de mettre la main sur lui, et il parvint à pousser les Arabes hors des portes, qui furent solidement barricadées. Quelques jours plus tard, nos soldats furent délivrés par des troupes parties de Soukarras.

IIe PARTIE.

RECONNAISSANCES.

CHAPITRE Ier.

Objet des reconnaissances ordinaires.

Art. 186. L'objet des reconnaissances ordinaires est de s'assurer si, à la faveur de terrains couverts, coupés, montueux ou d'autres circonstances propres à favoriser un mouvement offensif ou une embuscade, l'ennemi ne peut préparer une surprise ; si ses avant-postes n'ont été ni augmentés ni mis en mouvement, si, dans ses cantonnements ou bivouacs, il ne se passe rien qui annonce des préparatifs de marche ou d'action. Elles sont aussi destinées à faire connaître la configuration du terrain, les communications et les ressources du pays.

Art. 188. En général, on ne doit pas les prodiguer, et surtout ne pas les recommencer aux mêmes heures, ni par la même route.

On peut les faire faire le soir, afin de s'assurer que l'ennemi n'est point en mouvement et ne s'établit pas à proximité dans quelque pli de terrain ou dans quelque bois.

Le hussard Fritsch (28 *août* 1870). — Fritsch appartenait au 2ᵉ hussards. Dans une reconnaissance sous Metz, s'étant aventuré dans les lignes ennemies, il fut enlevé par une embuscade de uhlans, son cheval fut tué sous lui, et il allait être criblé de coups de lance, quand il cria aux Prussiens, en allemand : « Ne faites pas de mal à un *pays !* » Les ennemis l'épargnent et chargent de sa garde quatre des leurs, qui l'entraînent prisonnier. Par mégarde le sabre de Fritsch ne lui a pas été enlevé. Un des uhlans d'escorte veut le lui prendre. Fritsch tire son arme du fourreau : « Tiens le voilà ! » fit-il en le lui plongeant dans le ventre. Il enfourche la monture de l'homme qu'il vient d'abattre, échange des coups de sabre avec les trois cavaliers qui le gardaient, et rentre finalement au camp français sur un cheval ennemi.

Le général Margueritte à Pont-à-Mousson (1870). — La cavalerie allemande avait envahi la ville de Pont-à-Mousson et coupait les télégraphes et les chemins de fer. Prévenu de cette surprise à une heure et demie, le général Margueritte monte à cheval à la tête de sa brigade de chasseurs d'Afrique, l'entraîne rapidement le long de la rive gauche de la Moselle, et arrive vers quatre heures à Pont-à-Mousson. Le 3ᵉ escadron du 1ᵉʳ chasseurs d'Afrique traverse les vergers, s'élance au galop sur la voie ferrée et prend à la gare les travailleurs allemands. Le reste de la brigade met le sabre à la main, charge dans les rues malgré le pavé glissant et arrive ainsi au bas de la ville. Là, elle est reçue par un feu qui part des fenêtres. Le général Margueritte, placé au point le plus dangereux, est attaqué par un officier prussien qui sort d'une auberge et cherche à le frapper à la tête. Le général, qui n'avait point tiré son épée, pare le coup avec sa canne. Son képi seul fut entamé, et l'officier prussien tomba percé de coups. (*Général Bonie.*)

Rencontre de l'ennemi.

Art. 190. Si l'on rencontre l'ennemi en mouvement, il faut l'observer et le suivre *sans se laisser apercevoir*, autant que possible ; le but étant de découvrir ses forces et ses projets, il ne faut les combattre que lorsqu'on y est forcé, et que, faute de pouvoir obtenir autrement des renseignements, on est dans la nécessité de faire des prisonniers.

Cependant, quand un corps ennemi marche sur le cantonnement ou le bivouac, le commandant de la reconnaissance ne doit pas hésiter à combattre, s'il a l'espoir de retarder sa marche sans trop se compromettre.

Mort de Marceau. — Le 19° septembre 1796, à Altenkirchen, Marceau s'avance pour reconnaître le terrain, accompagné du capitaine Souhait. Deux ordonnances le suivent à distance.

Un chasseur tyrolien, caché derrière un arbre, reconnaît le général et l'ajuste aussitôt. La balle, frisant le capitaine Souhait, frappe Marceau au bras gauche, le traverse et va se loger dans le corps au-dessus de la dernière côte.

Marceau se sent blessé. Il retourne sur ses pas et à peu de distance se fait descendre de cheval. Ne voulant pas alarmer les troupes, il recommande à ceux qui l'entourent de cacher cet événement ; mais déjà la terrible nouvelle arrive de rang en rang. Marceau fait prévenir le général en chef qu'il est grièvement blessé. En attendant son arrivée, il trouve encore assez d'énergie pour donner ses ordres.

Mais on est obligé de l'emporter en arrière. Il traverse les colonnes, porté par les grenadiers. Des pleurs sont dans tous les yeux. Tous les soldats voudraient donner leur vie pour celle de leur général. « Mes amis, dit le blessé, c'en est fait de moi, mais que je ne tombe pas entre leurs mains. Achevez-moi ! » C'est que Marceau n'avait jamais eu qu'une crainte, celle d'être fait prisonnier. « Jamais, disait-il, je ne serai prisonnier de guerre ; je saurai mourir. »

Marceau ne pense pas seulement à lui :

« Mon camarade, dit-il à Bernadotte, faites qu'avant de mourir je ne voie pas nos troupes forcées de fuir en désordre devant l'ennemi. Cette pensée me tue. — Rassurez-vous, lui répond Bernadotte, la retraite se fera avec ordre. » Et, en effet, les soldats de Marceau, que Jourdan lui-même conduit à l'ennemi, semblent vouloir venger leur général et, malgré leur infériorité, ils le forcent à reculer.

Marceau est déposé dans une maison d'Altenkirchen. Jourdan vient le voir. Apprenant que la blessure est mortelle, il est accablé. C'est le mourant qui le console : « Général, lui dit-il, pourquoi verser des larmes? Je suis heureux de mourir pour mon pays ».

Puis il recommande au général en chef les membres de sa famille et les officiers qui ont servi à ses côtés.

Le général autrichien le fit soigner par son chirurgien, renvoya son corps à l'armée française et, le jour des funérailles de Marceau, les deux armées, suspendant les hostilités d'un commun accord, lui rendirent les honneurs militaires.

Nos soldats ont élevé une pyramide sur la tombe de Marceau. Elle porte cette inscription :

« Ici repose Marceau, né à Chartres, d'Eure-et-Loir, soldat à seize ans, général à vingt-deux. Il mourut en combattant pour sa patrie, le dernier jour de l'an IV de la République française.

« Qui que tu sois, ami ou ennemi de ce jeune héros, respecte la cendre. »

On lit sur l'urne funéraire :

Hic cineres, Ubique nomen (1).

Un illustre écrivain a consacré à Marceau les lignes suivantes, qui sont le plus bel éloge du jeune général français :

---

(1) « Ses cendres sont ici, son nom partout. »

« Près de Coblentz, sur une riante colline, est une pyramide simple et modeste, couronnant le sommet d'un monticule verdoyant; sous sa base repose un héros... Rapide et triomphant fut son jeune essor. Tous l'ont pleuré, amis et ennemis, et l'étranger qui s'arrête ici pour méditer peut, à bon droit, prier pour le repos de son esprit généreux, car il fut le meilleur champion de la liberté. Il fut de ceux, trop peu nombreux, hélas! qui n'ont point franchi les justes bornes qu'elle assigne aux guerriers qu'elle arme de son glaive. Son âme demeura sans tache; c'est pourquoi les hommes ont pleuré sur lui. »

(Lord Byron.)

Indomptable fermeté (1870). — Il faut savoir reconnaître et apprécier la bravoure partout où on la rencontre, même chez nos ennemis; de tels exemples sont toujours bons à retenir pour être imités au besoin.

Dans une reconnaissance, avant la bataille de Borny (1870), conduite par le lieutenant Cuny, du 2e dragons, nos cavaliers surprennent un détachement de fantassins sous la conduite d'un officier prussien.

Les ennemis sont rapidement mis en fuite. Seul l'officier reste et combat avec la dernière énergie. Il est sommé de se rendre. Pour toute réponse, il décharge son revolver sur les nôtres. Un coup de sabre sur la tempe le met hors de combat. Le sang ruisselle sur sa tunique, le major du 2e dragons lui prodigue immédiatement ses soins.

Mais, lorsque le médecin veut faire le pansement, l'officier exige que l'on ne se serve que de son propre linge. On lui offre un bouillon. Il refuse et tire de sa sacoche un flacon d'extrait de viande, il n'en veut point d'autre.

Le général Decaen, auquel on l'amène, lui tend la main. Il la refuse en disant qu'il déteste les Français.

On lui offre la liberté de circuler moyennant sa parole d'honneur de ne point chercher à s'évader. Il refuse encore en répondant : « Je suis Prussien, je puis donc marcher et aller où il me plait. »

PARLEMENTAIRES.

Art. 174. Lorsqu'un parlementaire se présente, les sentinelles l'arrêtent en dehors des lignes, et le font tourner du côté opposé au poste et à l'armée. Le chef du petit poste vient le reconnaître, prend ses dépêches et les envoie au commandant de la grand'-garde. Celui-ci en donne reçu et les fait parvenir sans retard au chef des troupes par l'intermédiaire du commandant des avant-postes.

Pour éviter toute indiscrétion, le chef du petit poste reste auprès du parlementaire; à l'arrivée du reçu des dépêches, celui-ci est immédiatement congédié.

Si le parlementaire demande à être reçu par le commandant des troupes, le chef du petit poste lui fait bander les yeux, ainsi qu'à son trompette, et les conduit au petit poste, où ils attendent l'ordre d'introduction. *Cet ordre ne peut être donné que par le commandant des troupes lui-même.*

Tandis que le trompette reste au petit

poste, le parlementaire est envoyé, les yeux bandés, à la grand'garde, d'où un officier le conduit à la réserve des avant-postes, puis au commandant des troupes. Il est ramené avec les mêmes précautions au poste où il s'est présenté.

Dans certains cas, le parlementaire doit être retenu temporairement ; par exemple, quand il a pu recueillir des renseignements ou surprendre des mouvements qu'il importe de tenir cachés à l'ennemi.

Toute conversation avec un parlementaire est rigoureusement interdite.

Le chevalier La Palice. — Le général espagnol Gonzalve de Cordoue, attaquait le brave chevalier La Palice, bloqué dans la citadelle de Rouva (1521). La Palice subit victorieusement plusieurs assauts.

Au dernier, placé sur la brèche comme une tour inébranlable, parant avec sa lance et culbutant dans les fossés les ennemis qui se présentaient, il y fut précipité lui-même par une caque de poudre enflammée qui le frappa à la tête, et dont le feu pénétra tellement son armure, que la fumée sortait par toutes les ouvertures. Il se releva néanmoins et combattit encore : mais, forcé enfin de se rendre, il jeta auparavant son épée le plus loin de lui qu'il lui fut possible. Gonzalve essaya de profiter de ce hasard pour s'emparer sans coup férir de la forteresse de la ville, et menaça La Palice d'une mort honteuse, s'il ne donnait ordre à son lieutenant de la livrer. Traîné à cet effet au pied du fort : « Cornon, cria La Palice à son lieutenant, Gonzalve, que vous voyez ici, menace de m'ôter un reste de vie, si vous ne vous rendez promptement. Mon ami, vous devez savoir en quel état est la citadelle : regardez-moi comme un homme mort, et, si vous avez quelque espoir de tenir jusqu'à l'arrivée du duc de Nemours, faites votre devoir. » Cornon se défendit : mais il était sans munitions, et ne put empêcher que la place ne fût bientôt emportée. Gonzalve se respecta assez pour épargner La Palice.

Réponse de Wimpfen (1792). — Au commencement des guerres de la Révolution, les Autrichiens assiégeaient Thionville. Leur général, au nom de l'empereur, offrit à Félix Wimpfen, commandant de la place, un million s'il voulait la leur livrer : « Volontiers, dit gaiement le brave Français, pourvu que l'acte de vente soit passé devant notaire. »

Fières réponses à l'ennemi. — I. — Avant l'attaque de Kaiserslautern, Hoche donna ainsi ordre à ses subordonnés d'observer la plus grande discrétion à l'égard de l'ennemi :

« Je vous défends de correspondre avec Kalkreuth (le général autrichien) autrement qu'à coups de canon et de baïonnette. La lettre qu'il écrivait hier a pour objet de connaître le chef de

.cette armée. Je me ferai connaître à lui sur le champ de bataille. »

II. — Ordre du jour de Hoche du 14 janvier 1794 :

« Citoyens, une loi défend, *sous peine de mort*, de s'entretenir avec l'ennemi. Quelques vedettes se sont permis des infractions ; nous, les soutiens de la Patrie, les vengeurs des lois, nous permettrions qu'elles soient enfreintes !...... Français ! A quoi bon de pareilles conférences ? Elles ne peuvent qu'être favorables aux traîtres ; nous surveillons ces derniers. Rappelons-nous que les Prussiens, nos ennemis à Lemberg, à Wissembourg, à Kaiserslautern, sont encore nos ennemis *et que nous ne devons conférer avec eux qu'avec nos baïonnettes.* »

III. — Un parlementaire prussien est envoyé à Strasbourg auprès des représentants Saint-Just et Lebas (décembre 1793), commissaires de la Convention auprès de l'armée du Rhin. Il vient pour demander une suspension d'armes. Il reçoit cette fière réponse : « La République française ne reçoit de ses ennemis et ne leur envoie que du plomb. »

IV. — Au blocus de Mayence, un trompette ennemi apporte un ordre de son général de rendre la place. Les chefs de la garnison, indignés, renvoient avec colère le parlementaire en lui disant : « Les ennemis de la République n'entreront dans la ville que lorsque nos corps seront couverts de ses cendres ! »

Meunier à Kœnigstein.—Le 8 décembre 1792, le roi de Prusse arriva devant Kœnigstein que défendait le brave général Meunier.

Il lui envoya un parlementaire pour le sommer de se rendre. Meunier, faisant former ses soldats en cercle, leur dit : « Camarades, si vous restez inébranlables, nous défendrons Kœnigstein tant qu'un seul de nous restera vivant ; et si, je vous trouvais faibles et découragés, ce moment serait le dernier de ma vie. » Pour donner plus de poids à cette énergique harangue, il appuyait un pistolet contre sa poitrine. Les soldats s'écrient : « Pas de capitulation ! Vaincre ou mourir ! » Alors Meunier, fier de la mâle attitude de ses compagnons d'armes, se tourna vers l'officier prussien, témoin muet de cette scène, et lui dit : « Monsieur, retournez auprès de votre prince et dites-lui ce que vous venez de voir et d'entendre. »

Bonaparte à Lonato. — Le 4 août 1796, le lendemain de la bataille de Lonato, Bonaparte se trouvait dans cette ville, occupée par un détachement de 1200 Français. Une colonne de 4,500 Autrichiens, échappant à la poursuite de nos troupes, qui avaient défait leur armée la veille, arriva devant la ville et la somma d'ouvrir ses portes.

Bonaparte se fait amener le parlementaire autrichien. Il le reçoit à cheval, entouré d'un nombreux état-major. Lorsqu'il a les yeux débandés, il lui tient cet audacieux et impératif langage : « Allez dire à votre général qu'il a 8 minutes pour mettre bas les armes. Il est perdu au milieu de l'armée française. Passé ce temps, il n'a plus rien à espérer. »

Cette audace imperturbable eut tout le succès qu'en attendait Bonaparte, et les 4,500 Autrichiens se rendirent prisonniers.

Daumesnil à Vincennes. — Sorti du rang, Daumesnil avait gagné tous ses grades à la pointe de l'épée. La perte d'une jambe à la bataille de Wagram (1809) l'avait fait nommer général de brigade, gouverneur du fort de Vincennes.

En 1814, sommé de rendre le fort, il répondit : « *Je rendrai Vincennes quand on m'aura rendu ma jambe.* » Il défendit encore Vincennes lors de l'invasion de 1815. Le général prussien, Blücher, lui offrit trois millions s'il voulait rendre la place : « *Je ne vous rendrai pas la place*, répondit Daumesnil, *mais je ne vous rendrai pas non plus votre lettre. A défaut d'autres richesses, elle servira de dot à mes enfants.* »

Il mourut à Vincennes, en 1832, dans ce même fort qu'il avait illustré par son héroïsme.

Le capitaine Dutertre à Sidi-Brahim (1845). — Une colonne française d'environ quatre cents hommes est surprise par Abd-el-Kader à Sidi-Brahim.

Le colonel *de Montagnac*, le commandant *Froment-Coste* sont tués. Le capitaine *Dutertre* tombe prisonnier aux mains d'Abd-el-Kader. Avec 85 hommes, le capitaine Géraux se retranche dans le marabout de Sidi-Brahim.

Abd-el-Kader envoie le capitaine Dutertre engager les défenseurs du marabout à se rendre prisonniers; s'il échoue, il aura la tête tranchée. Dutertre s'avance vers le rempart et s'écrie : « Camarades, les menaces de l'émir ne m'effraient point. Je vous engage à ne pas vous rendre. »

L'émir eut la cruauté de mettre sa terrible menace à exécution. Les Français résistèrent jusqu'à la dernière extrémité, et les derniers survivants purent rentrer au camp français en y rapportant leur drapeau, sous la conduite de l'héroïque caporal Laveyssière.

TITRE X.

INSTRUCTION SOMMAIRE SUR LES COMBATS.

Prescriptions générales.

Art. 196. Les dispositions concernant la conduite des troupes pendant le combat, varient en raison du nombre et de l'espèce des troupes opposées, de leur moral au moment où l'on se trouve, de la nature de la guerre, de celle du terrain, de la capacité des chefs, et enfin de l'objet qu'on se propose; on ne peut donc que donner des règles générales sur la manière d'employer les troupes pendant le combat.

. . . .

Les officiers généraux peuvent, s'ils y sont forcés par les circonstances, prendre, sous leur responsabilité, des dispositions de détail autres que celles prévues par le commandant en chef, *mais en agissant toujours en vue du plan général*. Ils rendent compte immédiatement des modifications qu'ils croient devoir apporter aux instructions du général en chef, et en préviennent les chefs des unités les plus voisines.

Kellermann à Valmy (20 *septembre* 1792). — ...En face de nous se trouvait l'armée prussienne composée de troupes aguerries dont la solidité était célèbre en Europe. Kellermann ne pouvait leur opposer que des soldats pour la plupart inexpérimentés et découragés par des revers successifs. Kellermann suppléa à ce désavantage par d'habiles dispositions; il établit près du moulin de Valmy une forte batterie de vingt-quatre pièces et attendit l'attaque de l'ennemi. Celui-ci ne tarda pas à couvrir nos positions de projectiles qui portèrent la mort dans nos rangs. Ce feu épouvantable jette le désordre parmi nos soldats, mais Kellermann raffermit le courage des siens; son cheval est tué par un boulet; il monte sur un autre; un de ses aides de camp tombe à ses côtés; lui, semble invulnérable et défie la mort qui frappe tant de braves autour de lui. Pour augmenter encore l'horreur de cette scène, les obus mettent le feu à des caissons d'artillerie remplis de poudre, qui sautent avec un fracas épouvantable. L'explosion fait de nombreuses victimes; nos rangs sont rompus; la première ligne rétrograde, mais Kellermann et ses officiers ramènent nos soldats en avant et rétablissent l'ordre. Il était temps, car les Prussiens s'avançaient en colonnes serrées à l'attaque de nos positions. Le moment était décisif; il s'agissait de vaincre ou de mourir. Kellermann forme ses troupes en colonnes et leur dit : « Camarades, le moment de la victoire est arrivé ; laissons avancer l'ennemi sans tirer un seul coup de fusil et chargeons-le à la baïonnette ! » Et mettant son chapeau à la pointe de son épée, il l'agite à la vue des soldats et s'écrie : « Vive la Nation ! » L'enthousiasme du général se communique à toute l'armée. Le cri de : Vive la Nation ! est répété par toute la ligne de bataille et forme comme un grondement de tonnerre. Le soldats mettent leurs chapeaux à la pointe de leurs baïonnettes ; ils demandent à marcher à l'ennemi et montrent un si mâle courage que Kellermann s'écrie : « La victoire est à nous ! » En effet, les bataillons prussiens étonnés de la fière attitude de nos troupes qu'ils supposaient écrasées par le feu de l'artillerie, épouvantés par les cris incessamment répétés de : Vive la Nation ! s'arrêtent et bientôt battent en retraite.

(*Étienne Charavay.* — *L'héroïsme militaire.*)

Sang-froid au feu. — Hoche à Wœrth (1793). — Un boulet coupe en deux un arbre qui tombe sur le général français. On se précipite, on le croit mort. Il se dégage aussi calme que s'il avait été sous sa tente, et continue à commander.

A quelques instants de là, son cheval est tué sous lui ; il roule à terre.

« Il paraît, dit-il en se relevant, le sourire aux lèvres, que ces messieurs veulent me faire servir dans l'infanterie. »

Il saute alors en selle sur le cheval de son ordonnance et continue sa marche.

Les canons ennemis, établis en formidable batterie à Frœschviller, faisaient beaucoup de mal aux troupes françaises. Hoche parcourt les rangs et met les canons ennemis aux enchères.

— Je les adjuge à 600 livres la pièce, mes enfants, enlevez-les !

— Adjugé, s'écrient en riant les soldats, et la batterie ennemie est enlevée.

Caulaincourt à la Moscova (7 *septembre* 1812).
— L'armée russe, pour nous barrer la route de Moscou, résistait héroïquement. La grande redoute qu'elle avait élevée à Borodino, nous tenait en échec. Il fallait à toute force l'enlever pour être maîtres de la position. Nos cuirassiers reçoivent l'ordre de la prendre en la tournant et en y pénétrant par la gorge. Une première attaque vient se briser contre la ténacité de nos héroïques adversaires, et le général Montbrun tombe à la tête de ses cavaliers. Caulaincourt prend alors le commandement de la charge.

Murat, qu'animait une ardeur surhumaine, lui dit : « Il faut entrer dans la redoute » — « Vous m'y verrez tout à l'heure mort ou vivant, » répondit simplement Caulaincourt. Entraînant ses escadrons, il tint parole ; ses cuirassiers pénétrèrent dans la redoute, mais leur chef périt glorieusement.

La charge des 8ᵉ et 9ᵉ cuirassiers à Reichshoffen (6 *août* 1870). — Le XIᵉ corps prussien déborde notre aile droite et va menacer notre ligne de retraite. Il faut l'arrêter à tout prix. C'est le rôle de la cavalerie de réserve. La position est désespérée, mais l'honneur commande, il ne s'agit plus que de faire son devoir.

Avant la charge, les 8ᵉ et 9ᵉ cuirassiers étaient en bataille sur deux lignes. A droite et en arrière se trouvait une fraction du 6ᵉ lanciers. Cette troupe n'appartenait plus à la brigade Michel, elle était aux ordres du général d'infanterie de Lartigues, elle n'était pas destinée à charger et n'a été lancée que par erreur.

L'ordre de charger arrive. Les régiments exécutent alors un changement de front pour se porter en avant. Le 8ᵉ cuirassiers est formé en colonne par escadron, et le 9ᵉ est forcé, pour passer entre deux bouquets de bois, de rompre en colonne avec distance, puis il se reforme en ligne, moins le 3ᵉ escadron, qui suivit sans avoir eu le temps de quitter sa première disposition. Même ordre pour le 6ᵉ lanciers.

Dès qu'il est prévenu, le général Michel part en tête de sa brigade. Les escadrons s'ébranlent au galop, et la terre résonne sourdement sous le poids de ces colosses dont l'allure devient de plus en plus rapide. Malheureusement le terrain n'a pas été reconnu, et on prend le vide pour objectif. Les bois et les houblonnières étant inaccessibles, on se précipite dans les intervalles. Le 8ᵉ cuirassiers ouvre la marche. L'ennemi attend immobile, ajuste à coup sûr, et quand la muraille de fer arrive à sa hauteur, il exécute deux salves à commandement suivies d'un feu à volonté. Les effets en sont désastreux. Les deux tiers des chevaux sont frappés, culbutent, roulent sur leurs cavaliers, et sèment une première ligne de cadavres. Les épaves du régiment traversent le village de Morsbronn et gagnent la campagne.

Le 9ᵉ cuirassiers et le 6ᵉ lanciers suivent pour appuyer le mouvement, mais leur vitesse se trouvant ralentie par les obstacles, le tir de l'ennemi en devient plus meurtrier, et la colonne se change en un tourbillon d'hommes et de chevaux se heurtant les uns les autres. On arrive ainsi à l'entrée du village, et la rue en est si étroite qu'il faut rompre pour y entrer. Alors part des maisons un feu terrible qui foudroie ceux qui ont pénétré. Impossible de s'échapper, l'extrémité des rues est barrée; chacun reflue d'avant en arrière sans trouver d'issue et, sauf un petit nombre, tout ce qui n'est pas tué est fait prisonnier.

Le courage fut sublime et les résultats nuls. On partait sans objectif, on courait dans le vide, et, après avoir perdu beaucoup de monde, ceux qui échappaient revenaient sans avoir pu joindre l'ennemi, ni avoir fait usage de leurs armes. La plaine était couverte de cadavres de chevaux, et beaucoup de cavaliers durent la vie à leurs cuirasses. Semblable au bruit de la grêle qui frappe les vitres, on entendait le son des balles sur les armures, mais aucune ne fut traversée, et on voyait les cuirassiers démontés cherchant un refuge dans les bois.

(Général Bonie.)

La charge de Sedan. — Mort du général Margueritte. — Le général Margueritte réunit toute sa division : 1ᵉʳ, 2ᵉ, 4ᵉ chasseurs d'Afrique, 1ᵉʳ hussards, 6ᵉ chasseurs, et il s'avance sur les hauteurs comprises entre Floing et les bois de la Garenne. Voulant reconnaître le point sur lequel il fallait charger, il se portait bravement en avant, lorsqu'une balle le frappa mortellement à la tête, en traversant les joues et la langue. Il donne le commandement au général de Galliffet et repasse à cheval, soutenu par deux maréchaux des logis. Ses yeux sont déjà voilés, sa barbe est teinte de sang, ses mains sont crispées à sa selle, et, en présence de ce triste spectacle, chacun de nous regrette ce chef aimé qui était l'étoile de son arme et dont le souvenir lui sera toujours cher.

Se mettant en tête de la division, le général de Galliffet l'entraîne avec une vigueur remarquable. Méprisant le danger, tous chargent comme à Waterloo. Deux fois les régiments essayent de percer les lignes prussiennes, deux fois ils sont forcés de revenir écrasés et réduits de moitié ; et ces escadrons, qui jusqu'alors n'avaient connu que la victoire, durent, malgré leur élan sublime, se replier dans les ravins en arrière des bois. Les pertes furent telles, qu'on put compter par régiment une moyenne de 240 chevaux tués, blessés ou disparus.

Mais si la cavalerie n'a pas réussi dans son effort, elle a le droit au moins d'être fière du souvenir de cette journée, car elle a sauvé l'honneur des armes, et à côté des noms d'Iéna, de Friedland, d'Eylau, ses titres de noblesse dans le passé, elle pourra placer en caractères d'or l'éloge qui lui fut donné par ses ennemis.

A la bataille de Nerwinden (1693), Guillaume d'Orange, furieux de voir nos soldats se reformer en serrant les rangs, sous le feu de son artillerie qui en enlevait des files entières, avait laissé échapper ce cri de dépit, qui était en même temps le plus bel hommage rendu au courage de nos troupes : « *Oh ! l'insolente nation !* »

A la vue de nos cavaliers marchant si intrépidement à la mort, à la charge de Floing, le roi Guillaume ne put s'empêcher de s'écrier : « *Oh ! les braves gens !* »

Dans une lettre à la Reine, après la bataille de Sedan, il s'exprime ainsi : « J'ignore le nom de ces braves régiments que j'ai vus charger des hauteurs avec un courage au-dessus de tout éloge. Ils s'élancent malgré le feu qui foudroie, traversent les lignes et reviennent en donnant aux yeux attristés le spectacle de la plaine semée de cadavres d'hommes et de chevaux. »

Les gazettes allemandes elles-mêmes durent faire taire leurs sentiments de haine et leur partialité si connue, devant tant d'héroïsme.

Voici comment l'une d'elles raconte la charge de nos intrépides cavaliers :

« La cavalerie française débouche tout à coup, elle était la dernière espérance et devait prendre de flanc les batteries qui faisaient tant de mal aux Français, ainsi que notre brave infanterie qui eut à soutenir les attaques de cuirassiers, hussards et chasseurs d'Afrique, ces derniers montés sur de superbes chevaux de race barbe. Sur plusieurs points la cavalerie essaya avec une valeur sans pareille de percer, c'est-à-dire d'ouvrir une voie à l'infanterie; mais ses attaques furent repoussées par un feu calme et bien dirigé qui étendit sur le sol la plupart des assaillants.

« Honneur à ces braves adversaires qui se sont rués dans la mort pour sauver ce qu'il était encore possible des restes de l'armée ! »

Intrépidité sous le feu. (Noisseville, 26 août 1870.) — « Depuis huit heures du matin, le maréchal Lebœuf, ayant à ses côtés le vieux Changarnier et derrière lui tout son état-major, se tient en première ligne sur la route de Sarrelouis, sous le feu des obus qui se croisent sur lui.

« Le commandant en chef du 3ᵉ corps, portant sur sa tunique la plaque de grand-croix de la Légion d'honneur et la Médaille militaire, est là sur la route, immobile à cheval, regardant les masses prussiennes qui s'avancent de tous côtés. Les obus, tout autour de lui, font voler par gerbes les cailloux et la terre durcie de la chaussée. On presse ce vaillant homme de guerre de se retirer. La position n'est plus guère tenable. « Messieurs, répond le maréchal à ses officiers, ceci vous regarde; mettez pied à terre, je vous prie. Quant à moi, je reste à cheval pour que l'ennemi et nos soldats me voient bien. » Et, en effet, pendant plus de deux heures, il reste sans bouger comme une véritable statue équestre, avec le jeune maréchal des logis Louis de Cassagnac, planté à côté de lui. Il semble chercher une belle mort de soldat. »

(*Dick de Lonlay, Français et Allemands.*)

Skobeleff à Plevna (1877-1878). — L'armée russe a compté, parmi ses chefs un jeune général auquel on peut appliquer l'appellation donnée au maréchal Ney : *le brave des braves.* Il rappelait, du reste, par sa témérité, son énergie au feu, le soldat de la Moskowa, et l'on aurait pu dire de lui aussi, « que les balles ennemies semblaient le respecter. »

Il fut sublime d'audace et de calme, aux attaques devant Plevna.

« On le voyait tête nue, la casquette enlevée par une balle, ne pouvant plus parler, à force d'avoir crié : « *En avant!* » la croix de Saint-Georges à moitié arrachée, sa tunique blanche lacérée par les balles et couverte de boue, entraînant ses troupes. » Il eut, ce jour-là, cinq chevaux tués sous lui.

Ses soldats hésitant sous une effroyable densité de projectiles, il se jette à leur tête, les rallie, les entraîne, l'épée au poing :

« Eh soldats ! Vous reculez ! Venez avec moi, musique en tête. »

Ces mots électrisent les troupes, qui repartent comme un ouragan et forcent l'entrée de la redoute. A ce moment, Skobeleff roule dans le fossé, entraîné par sa monture qui vient d'être frappée sous lui. On le croit mort; mais il se relève, tout contusionné, remet l'épée au poing, se jette à pied en avant de ses soldats, qu'il enlève dans un dernier effort, et reste maître de la position.

Combat de Nakou au Dahomey (3 *novembre* 1892). (Récit d'un combattant.) — « Nous nous sommes avancés, en formant le carré, sur Nakou, et nous sommes arrivés sur les tranchées dahoméennes, qui étaient couvertes de hautes herbes. L'ennemi laissa nos troupes s'approcher, et ouvrit alors sur nous un feu violent et presque à bout portant. Nous ripostâmes, d'abord, en exécutant des feux de position. Puis, sur l'ordre du colonel Dodds, mettant baïonnette au canon, nous nous précipitâmes à l'assaut des lignes ennemies aux cris de : « En avant ! Vive la France ! »

« Cette attaque, à laquelle l'ennemi était loin de s'attendre, car nous ne l'avions pas habitué à l'attaque à la baïonnette, nous étant pour ainsi dire tenus jusque-là sur une sorte de défensive, produisit sur lui un effet foudroyant, et il se retira en désordre sur ses seconds retranchements.

« Nous le rejoignîmes au pas de charge, et, le délogeant de ses seconds retranchements, nous le poussâmes sur les troisièmes, que nous enlevâmes de nouveau à la baïonnette, malgré ses efforts inouïs.

« L'ennemi défendit le terrain pied à pied, et avec d'autant plus de résistance et d'acharnement qu'en le délogeant de ces positions, nous faisions un grand pas dans notre marche sur Kana. »

DÉVOUEMENT DES HOMMES A LEURS CHEFS DANS LE COMBAT.

Le trompette Moreau. — Pendant les guerres de la Révolution, Louis Moreau, trompette de hussards, voyant ramener un de ses chefs, fait prisonnier par un piquet de cavalerie ennemie, fond sur le groupe, le sabre et le pistolet à la main, en criant : « Non, vous ne l'emmènerez pas! » Il en tue plusieurs et ramène son officier.

Bertèche à Jemmapes (6 *novembre* 1792). — A la bataille de Jemmapes, pendant que le général Beurnonville et ses troupes se défendaient avec peine, ce général se trouva au milieu des escadrons ennemis entouré et sur le point d'être pris ou tué. Un capitaine de gendarmerie, Bertèche, se précipite au secours de son chef, tue sept cavaliers autrichiens, reçoit *quarante* blessures, et parvient à ramener Beurnonville sain et sauf dans les lignes françaises.

Ce brave fut récompensé, comme il le méritait. La Convention nationale lui décerna, le 5 mars 1793, une couronne de chêne et un sabre d'honneur.

Le caporal Marcher. — « Au passage du Mincio, le 25 décembre 1800, Marcher, caporal à la deuxième demi-brigade de ligne, venait, avec l'aide de quelques braves, de s'emparer d'une pièce de canon, lorsqu'il aperçoit un chef de bataillon grièvement blessé que trois grenadiers hongrois dépouillaient. Il laisse à ses camarades le soin d'emmener la pièce, court sur les trois Hongrois, les met en fuite, charge le chef de bataillon blessé sur son épaule, l'emporte et le met hors de danger. « Ne me quitte pas, lui dit cet officier, tu m'as bravement secouru, je te récompenserai. — Je vous remercie, j'ai reçu ma récompense, puisque j'ai eu le bonheur de vous sauver. »

(*Général Thoumas.*)

Dévouement d'un sous-officier de dragons (1870). — Le 16 août 1870, les dragons de la garde chargèrent la cavalerie allemande, à Gravelotte. Le colonel Dupart tombait, dès le début, frappé de deux blessures ; une mêlée sanglante s'engage alors autour de lui.

Les insignes de son grade le désignant aux Prussiens, ceux-ci cherchent à le faire prisonnier.

Le maréchal des logis Boinard, du 4ᵉ escadron, voyant la position critique de son colonel, saute à bas de son cheval et court à lui.

« Mon colonel, lui cria-t-il prenez mon cheval, il peut vous sauver !... »

Le colonel Dupart refusait, mais sur l'insistance du brave sous-officier, il se laissa entraîner et mettre en selle. Son devoir accompli, Boinard, seul à pied, traversait, le champ de bataille et revenait au ralliement, après avoir couru les plus grands dangers.

Mort pour son colonel. — C'était au combat de Lorcy, près de Pithiviers, le 28 décembre 1870. Le 2ᵉ bataillon du 42ᵉ de marche s'était déployé de chaque côté de la route, sur une étendue de près de cinq cents mètres. Le colonel Couston enjoignit à ses hommes de s'abriter dans un fossé profond d'un mètre environ, et bordé d'une haie d'aubépine.

Bien que les Prussiens ne vissent plus que le colonel et les officiers montés — et très probablement même à cause de cela — ils ne discontinuaient pas de tirer, ce qui horripilait terriblement un brave turco qui était en subsistance depuis quelques jours au 42ᵉ, et qui marchait toujours nu-pieds, malgré la neige et le verglas qui couvraient les chemins.

— Prussiens, dit-il, dans son jargon baroque, macache braves, toujours se sauver et pas savoir tirer. Moi vouloir montrer à eux à descendre la garde.

Et, ce disant, il mit la main sur l'épaule d'un jeune engagé volontaire :

— Toi, *grande capote*, venir avec moi ; toi, brave comme turco, mais pas savoir tirer non plus.

Les deux hommes sortirent ensemble du fossé

et allèrent se poster en avant de la ligne de tirailleurs, derrière un énorme noyer.

— Regarde, dit le turco au fantassin, mets fusil contre l'arbre et tire avec moi.

Et tous deux tirèrent ainsi, sans changer de place, depuis deux heures jusqu'à trois heures et demie de l'après-midi.

Combien le fantassin mit-il d'ennemis hors de combat? Nous ne saurions le dire, mais ce que nous savons, c'est que son compagnon atteignit un chiffre fort respectable, car la voie étant coupée sur une largeur de 15 à 20 mètres, tous les Poméraniens qui voulurent franchir cette lacune ne réussirent qu'à la combler de leurs cadavres.

Le terrible turco n'avait pas été épargné, ayant reçu deux balles pour sa part : une lui avait fracassé l'épaule gauche, et l'autre traversé les deux joues. Le sang ruisselait sur son burnous, et la douleur lui faisait faire une horrible grimace. Ses yeux noirs semblaient chargés d'électricité, et le nom d'Allah sortait fréquemment de sa bouche ensanglantée.

Pourtant, il tirait toujours, faisant charger son arme par son compagnon et visant d'une seule main.

Quel homme, que cet enfant du désert!...

Soudain, le cheval du colonel, atteint de deux balles dans la croupe, s'abattit, entraînant son cavalier dans sa chute.

— Le colonel est tué, dit la *grande capote* à son camarade, je viens de le voir tomber.

— Sales chiens, dit l'Arabe, en tirant avec colère du fourreau son sabre-baïonnette ; ils ont tué ma coulounel ; moi vouloir le faire payer cher à eux.

Puis, prenant vivement la main de son compagnon :

— Adieu, dit-il ; toi, bon soldat, mais pas savoir mourir, comme turco, pour ta coulounel et pour la France !...

Alors, prenant aussitôt le pas gymnastique, il s'élança, sabre au poing, dans la direction du chemin de fer.

Hélas ! le pauvre et valeureux turco n'avait pas fait cinquante pas qu'il tombait la face contre terre, frappé d'une balle au milieu du front.

Le colonel Couston, actuellement général, s'est-il jamais douté qu'un homme était mort en voulant le venger ?

(*E. Desormes.*)

Dévouement d'un soldat russe (*Guerre turco-russe*, 1877-1878). — « J'étais démonté, mon cheval ayant été abattu au milieu de la poursuite et étant tombé au milieu d'un gros de nizams en retraite, je fuyais à toutes jambes sans savoir où aller, quand je vis un cosaque du 26e régiment appuyé contre un tronc d'arbre et tenant son cheval par la bride ; il avait toute la poitrine en sang. Levant les yeux sur moi, il me dit :

« — Mon capitaine, prenez mon cheval, sauvez-vous et souvenez-vous dans vos prières de

DÉVOUEMENT DES HOMMES POUR LEURS CHEFS. 117

Basile Yermischkine ; je vais mourir, car ma blessure est mortelle.

« — Je ne me fis pas prier, et il était temps, car les Turcs n'étaient plus qu'à quelques pas de moi. »

(*Récit d'un officier russe.*)

Le chasseur Graillot à Bac-Lé. — L'armée française se retirait, après le guet-apens de Bac-Lé. Les Chinois nous harcelaient avec acharnement, massacrant les blessés, avec des raffinements de cruauté inouïe. Les chasseurs d'Afrique du capitaine Laperrine se distinguèrent alors par leur héroïque dévouement, arrachant à l'ennemi les blessés, qu'ils rapportaient en travers de leur selle. Parmi eux, se fit remarquer le chasseur Graillot. Il sauva la vie du docteur Gentil, qui était dangereusement blessé. En traversant un pont, le docteur fut précipité dans la rivière. Les Chinois sortent des fourrés pour l'achever. Graillot se jette à l'eau, décharge sa carabine sur les Chinois et arrache le docteur à la mort. Ses camarades accoururent à son secours, et le chasseur put mettre son précieux fardeau en lieu sûr. Le 4 janvier 1885, Graillot reçut la croix de la Légion d'honneur, en récompense de sa belle conduite.

TITRE X.

COMBAT DÉFENSIF.

Art. 198. La défensive tire sa force principale des feux et de l'emploi judicieux du terrain.

Dans la défensive, il importe de tromper l'ennemi, le plus longtemps possible, sur la position choisie, sur les forces qui y sont concentrées, sur le développement de la ligne de bataille, et sur les points auxquels elle s'appuie.

. . . .

Lorsque l'attaque arrive à portée efficace des feux de mousqueterie, elle est soumise au feu le plus violent. Il faut à tout prix briser son élan. Toute l'artillerie disponible est employée à cette mission et *s'y consacre jusqu'au dernier moment, dût-elle être anéantie.*

Mort de Dugommier (*Montagne-Noire*, **18** *novembre* **1794**). — Dugommier, qui depuis la veille n'avait pas quitté la Montagne-Noire, examinait la marche de la division Sauret, qui se portait enfin en avant, quand un obus espagnol éclata au-dessus de lui. Il tomba, la tête sanglante et fracassée, auprès de ses deux fils et de quelques officiers d'état-major, qui s'empressèrent de le relever : « Faites en sorte, dit-il en mourant, de cacher ma mort aux soldats, pour qu'ils achèvent de remporter la victoire, seule consolation de mes derniers moments ».

Le vaisseau le « Vengeur ». — L'héroïsme du *Vengeur* a droit à une éternelle admiration. Après avoir soutenu longtemps un combat acharné contre trois vaisseaux anglais, dont un, presque désemparé, avait été forcé de s'éloigner, le *Vengeur* avait perdu la moitié de son équipage, le reste était blessé pour la plupart : le second capitaine avait été coupé en deux par un boulet ramé. Le vaisseau était rasé par le feu de l'ennemi, sa mâture abattue; ses flancs, criblés par les boulets, étaient ouverts de toutes parts ; sa cale se remplissait rapidement et à vue d'œil ; il s'enfonçait dans la mer. Les généreux marins qui restaient encore sur son bord pouvaient se sauver en se rendant prisonniers; mais l'orgueil républicain ne voulait pas devoir la vie aux Anglais. Ces braves prennent une résolution comparable aux traits les plus sublimes de l'antiquité, ils déchargent une dernière fois sur l'ennemi la batterie basse lorsqu'elle se trouve au niveau de la mer, et s'élancent dans la seconde, où ils répètent la même manœuvre quand cette seconde batterie va disparaître sous les flots. Ils montent alors sur le pont : un tronçon du mât d'artimon restait encore debout, le pavillon national, en lambeaux, y est cloué. La dernière bordée est tirée au moment où les derniers canons arrivent à fleur d'eau, puis, les bras levés vers le ciel, agitant leurs chapeaux et leurs armes, aux cris mille fois répétés de *vive la République! vive la Liberté!* ces généreux enthousiastes descendent triomphants dans l'abime, qui se referme sur eux.

La Convention décréta que l'escadre de Brest avait bien mérité de la patrie ; elle ordonna qu'on suspendrait un modèle du vaisseau le *Vengeur* aux voûtes du Panthéon, et que l'héroïsme de l'équipage serait proposé aux poètes, aux peintres et aux sculpteurs comme un sujet digne de la consécration des arts et de la reconnaissance nationale. (*Abel Hugo.*)

Les marins de « la Montagne ». — Le vaisseau-amiral français la *Montagne* eut, pendant cette terrible journée, à supporter seul le choc de cinq vaisseaux ennemis. Déjà criblé par plus de 3,000 boulets, il avait perdu tous ses agrès ; les deux tiers de son équipage et tous ses officiers étaient morts ou blessés. L'amiral Villaret avait eu son banc de quart brisé sous lui par un boulet. Les batteries du gaillard et du pont étaient sans canonniers, ils avaient été tués sur leurs pièces. Le feu des Anglais redoublait et la *Reine-Charlotte* s'approchait pour lui porter le dernier coup.

C'en était fait de la *Montagne*, quand le chef de l'imprimerie de la flotte, Bouvet de Cressé, s'offrit à balayer le pont de l'amiral anglais avec une caronade de trente-six, encore en batterie à tribord. Ce brave jeune homme, déjà blessé trois fois, avait remarqué que cette caronade, par suite de la position relative des deux bâtiments, enfilait d'un bout à l'autre le pont du vaisseau anglais. « Vous vous ferez tuer, lui dit Villaret. — Qu'importe, répond-il, si ma mort est utile à ma patrie ! » Il monte, on fait feu sur lui des hunes ennemies : il reçoit cinq nouvelles blessures, mais arrive à la pièce, qu'il charge de mitraille jusqu'à la bouche, puis profite de l'instant favorable, pointe et fait feu. — L'effet du coup fut terrible, tout le pont de la *Reine-Charlotte* fut complètement balayé. Howe, craignant une seconde décharge, s'éloigna aussitôt. L'immobile *Montagne*, couverte de sang et de cadavres, entourée de débris, dut son salut à l'audacieux courage et à l'heureuse inspiration de Bouvet. (*Abel Hugo*.)

Les voltigeurs du 9ᵉ de ligne. — « Au mois de juillet 1812, la grande partie étant engagée contre les Russes, du côté de Witebsk, Napoléon aperçut un jour, au plus fort de l'action, trois cents voltigeurs du 9ᵉ de ligne qui, soutenus par le 16ᵉ chasseurs, luttaient avec une ardeur admirable contre les cosaques du comte Pahlen. Un moment il les crut perdus, tant ce tourbillon de lances sembla les serrer de près. Non, rien ne les avait émus ni ébranlés. En peloton serré, près d'un ravin, ils avaient accueilli, par un feu d'enfer, le choc qui devait les briser, et ainsi ils avaient pu attendre que le 53ᵉ de ligne, dont le front mouvant s'était étendu comme une muraille devant l'attaque des Russes, vint les dégager.

« Quand ils sortirent sains et saufs du cercle tourbillonnant où ils semblaient étouffés, écrasés, ce ne fut qu'un cri d'admiration et de joie dans l'armée.

« Napoléon descendit jusqu'au ravin qui, s'ils eussent lâché d'une semelle, aurait pu devenir leur tombeau, et, galopant sur leur front de bataille resté intact :

« — Qui êtes-vous, mes amis ? leur cria-t-il.

« — Voltigeurs du 9ᵉ de ligne, et tous enfants de Paris!

« — Eh bien ! vous êtes tous des braves, et vous avez tous mérité la croix ! »

(Fournier.)

Le dernier carré de Waterloo. — Quelques carrés de la garde, immobiles dans le ruissellement de la déroute comme des rochers de l'eau qui coule, tinrent jusqu'à la nuit. La nuit venant, la mort aussi, ils attendirent cette ombre double, et, inébranlables, s'en laissèrent envelopper.

Chaque régiment, isolé des autres et n'ayant plus de lien avec l'armée rompue de toutes parts, mourait pour son compte. Ils avaient pris position, pour faire cette dernière action, les uns sur les hauteurs de Rossomme, les autres dans la plaine de Mont-Saint-Jean. Là, abandonnés, vaincus, terribles, ces carrés sombres agonisaient formidablement. Ulm, Wagram, Iéna, Friedland mouraient en eux.

Au crépuscule, vers neuf heures du soir, au bas du plateau de Mont-Saint-Jean, il en restait un. Dans ce vallon funeste, au pied de cette pente gravie par les cuirassiers, inondée maintenant par les masses anglaises, sous une effroyable densité de projectiles, ce carré luttait. Il était commandé par un officier obscur, nommé Cambronne. A chaque décharge, le carré diminuait et ripostait. Il répliquait à la mitraille par la fusillade, rétrécissant continuellement ses quatre murs. De loin les fuyards, s'arrêtant par moment essoufflés, écoutaient dans les ténèbres ce sombre tonnerre décroissant.

Quand cette légion ne fut plus qu'une poignée, quand leur drapeau ne fut plus qu'une loque, quand leurs fusils, épuisés de balles, ne furent plus que des bâtons, quand le tas de cadavres fut plus grand que le groupe vivant, il y eut parmi les vainqueurs une sorte de terreur sacrée autour de ces mourants sublimes, et l'artillerie anglaise, reprenant haleine, fit silence. Ce fut une espèce de répit. Ces combattants avaient autour d'eux, comme un fourmillement de spectres, des silhouettes d'hommes à cheval, le profil noir de canons, le ciel blanc aperçu à travers les roues et les affûts; la colossale tête de mort que les héros entrevoient toujours dans la fumée, au fond de la bataille, s'avançait sur eux et les regardait. Ils purent entendre dans l'ombre crépusculaire qu'on chargeait les pièces ; les mèches allumées, pareilles à des yeux de tigre dans la nuit, firent un cercle autour de leurs têtes ; tous les boute-feu des batteries anglaises s'approchèrent des canons; et alors, ému, tenant la minute suprême suspendue au-dessus de ces hommes, un général anglais, Colville, selon les uns, Maitland, selon les autres, leur cria : « Braves Français, rendez-vous ! »

Cambronne répondit : « ..... ! *La garde meurt et ne se rend pas !* »

Au *mot* de Cambronne, la voix anglaise répondit : « Feu ! » Les batteries flamboyèrent, la colline trembla, de toutes ces bouches d'airain sortit un dernier vomissement de mitraille, épouvantable, une vaste fumée se dissipa, il n'y avait plus rien ! Ce reste formidable était anéanti, *la Garde était morte !*

(*Victor Hugo.*)

L'infanterie de marine à Bazeilles. — *Les dernières cartouches.* — (Récit d'un combattant). — Vers 10 heures, le général von der Thann prévenu de notre résistance désespérée, réussit à faire amener à bonne distance une batterie d'artillerie. Mais à peine celle-ci est-elle en position que ses servants tombent sous nos balles. D'autres hommes les remplacent bientôt et tombent à leur tour.

Enfin, les pièces sont abritées derrière un obstacle. Nous sommes maintenant à leur merci.

Un obus arrive sur l'aide droite de la maison qu'il broie avec un fracas épouvantable. Un deuxième tombe sur la toiture qu'il éventre et à laquelle il met le feu. Plusieurs hommes sont écrasés par la chute des débris; les obus se succèdent sans interruption... Nous flambons.

Pendant ce temps, l'infanterie bavaroise, ragaillardie, met à profit notre désarroi et s'avance jusqu'au pied des murailles où nos balles sont impuissantes à l'atteindre.

La situation est des plus critiques, elle va pourtant s'aggraver.

En effet, en se découvrant au risque de recevoir une volée de balles, le sergent de vigie constate que des sapeurs creusent à la base des murs de notre forteresse improvisée plusieurs trous de mine destinés à nous envoyer en l'air. J'avoue qu'en ce moment quelques-uns parmi nous furent décontenancés. L'alternative d'être enlevés par une explosion ou d'être écrasés sous la toiture qu'effondrait l'artillerie et, dans les deux cas, d'être brûlés vifs au milieu des ruines, n'avait rien de particulièrement réjouissant et pouvait bien émouvoir les courages les mieux trempés.

Au même moment, les hurrahs des Bavarois et les sonneries de leurs clairons annonçaient que l'ennemi nous croyait à bas et se ruait à la curée.

Je me souviens encore que, malgré le bruit, j'entendais distinctement les cris des officiers allemands : « *Ergeben sie sich! Ergeben sie sich!...* » (Rendez-vous! Rendez-vous!...)

Nous répondions à coups de fusil.

Ce qui nous soutenait, c'était le sang-froid et la ténacité de nos officiers qui, en cette crise dramatique, gardaient la plus étonnante lucidité d'esprit.

Je vois encore le commandant *Lambert*, couché et souffrant d'une atroce blessure, nous exciter à la lutte; je vois encore le capitaine *Bourgey* se multiplier, faire face de tous côtés à l'orage en nous encourageant à tenir bon jusqu'à l'arrivée des nôtres; je vois encore le capitaine *Aubert* stimuler notre énergie en nous montrant les cadavres que nos projectiles avaient entassés sur le sol; le lieutenant *Escoubet*, intrépide et audacieux, risquant témérairement sa vie.

Vers dix heures et demie, le capitaine Bourgey reçoit en pleine tête un paquet de muraille détaché par un obus, et tombe évanoui. Sa blessure, une forte contusion, n'a heureusement aucune gravité et il peut, un quart d'heure après, reprendre la direction du combat.

A 11 heures, il ne reste plus que 11 cartouches. Nos officiers réclament l'honneur de les brûler et de coucher à terre les derniers Allemands.

Passé cet instant, plus rien à faire! Nous n'avons qu'à attendre stoïquement l'explosion de la mine creusée sous nos pieds.

Nos angoisses sont poignantes...

Tout à coup, la porte de la maison, que nous avions barricadée avec des meubles, est violemment enfoncée, et un flot de Bavarois envahit le rez-de-chaussée, baïonnette au canon.

Une boucherie terrible commence au milieu des cliquetis de l'acier. Mais nous sommes épuisés ; les trois quarts de ceux qui survivent sont blessés, à bout de forces : la lutte est par trop inégale.

Nous réussissons pourtant à refouler les assaillants et à sortir dans la cour où nous tombons au milieu d'ennemis dont l'irritation est portée à son paroxysme.

Ceux-ci se précipitent sur nous pour nous désarmer et nous massacrer. Nous passerions un mauvais quart d'heure sans l'intervention d'un capitaine d'état-major bavarois, M. Lissignold, qui nous sauve la vie en écartant ces furieux et nous dit en bon français : « Honneur au courage malheureux ! »

Les zouaves de l'Ouest à Patay. — Pendant la nuit du 1ᵉʳ au 2 décembre, le grand-duc de Mecklembourg ramassa ses forces, et le 2 au matin il commença le combat avec toutes ses divisions. De notre côté, le 16ᵉ et le 17ᵉ corps et une faible partie du 15ᵉ étaient engagés. Pendant plusieurs heures, nos troupes soutinrent la lutte avec succès depuis Songy jusqu'à Baroches-les-Hautes. Malheureusement, le général de Sonis, officier d'un caractère chevaleresque, homme de cœur et d'action, fut emporté trop loin par son élan ; il fut blessé grièvement et fait prisonnier. Privés de leur chef, ses soldats ne résistèrent plus que mollement et furent ramenés en arrière. Le 16ᵉ corps se vit aussi contraint de se replier sur Patay. Les zouaves de l'Ouest, guidés par l'intrépide Charette, furent admirables d'héroïsme dans la retraite. Au moment où les autres régiments paraissaient faiblir, ils se lancèrent en avant et soutinrent seuls tout l'effort de l'ennemi. Quand ils se retirèrent, leur effectif était réduit des trois quarts. Le colonel de Charette, le duc de Luynes et le plus grand nombre des autres officiers restèrent sur le champ de bataille.

DEVOIRS DES OFFICIERS

ET

SOUS-OFFICIERS PENDANT LE COMBAT

Art. 200. Pendant le combat, les officiers et les sous-officiers s'emploient avec énergie au maintien de l'ordre et retiennent à leur place, par tous les moyens en leur pouvoir, les militaires sous leurs ordres; *au besoin ils forcent leur obéissance.* Ils ne souffrent pas que les soldats restent en arrière ou s'éloignent pour dépouiller les morts, pour escorter des prisonniers, ni pour transporter les blessés, à moins d'une permission expresse, qui ne peut être donnée qu'après la décision de l'affaire. Le premier intérêt, comme le premier devoir, *est d'assurer la victoire* qui, seule, peut garantir aux blessés les soins nécessaires.

Un héros suisse. — En 1380, Léopold, duc d'Autriche, voulant asservir la Suisse, rencontra l'armée des montagnards près de Sempach.

L'impétuosité des Suisses vint se briser contre

les carrés bardés de fer des Autrichiens, dont les lances des quatre rangs formaient comme un obstacle infranchissable. Ils allaient reculer, devant l'inutilité de leurs efforts.

Alors l'un d'eux, Winkelried, s'écrie : « Amis, je vais vous frayer un chemin; je vous recommande ma femme et mes enfants. » Plus prompt que l'éclair, il court à l'ennemi, embrasse de toutes ses forces autant de lances autrichiennes qu'il peut en saisir, les enfonce dans sa poitrine, et entraînant avec elles, en tombant, ceux qui les portaient, il ouvre, à travers la phalange ennemie un passage où les Suisses se précipitent. Les rangs autrichiens sont rompus et la victoire reste aux valeureux montagnards.

Un général énergique.—Le général Munnich, qui commandait les troupes russes au siècle dernier, dans les guerres contre les Turcs, se montrait d'une rigueur impitoyable pour l'exécution des ordres donnés. Il n'admettait aucune hésitation de ses troupes sous le feu.

A Ostrokow, il s'aperçoit qu'un bataillon recule devant une effroyable fusillade de l'ennemi. Il fait aussitôt charger à mitraille deux pièces de canon et ordonne de les diriger sur les fuyards.

Il apprend qu'un grand nombre de soldats essayent de se faire passer pour malades, afin de ne pas aller au combat. Il déclare que tout homme qui tombera malade sera enterré vif. Le lendemain, trois soldats subissaient cet horrible supplice devant les troupes assemblées.

Énergie de Souvarow. — Pendant la retraite de Zurich (1799), les grenadiers de Souvarow ayant refusé de s'engager dans un défilé étroit, dont les hauteurs étaient couronnées de troupes françaises, il s'élance au milieu d'eux, leur ordonne de creuser une fosse de quelques pieds de longueur, s'y étend et leur dit : « Puisque vous refusez de me suivre, je ne suis plus votre général. Je reste ici. Cette fosse sera mon tombeau. Soldats, couvrez de terre le corps de celui qui vous conduisit tant de fois à la victoire ! » Étonnés, émus, électrisés, les grenadiers s'élancent dans le défilé sous une grêle de balles ; beaucoup y restent, mais la retraite est assurée.

Dagobert à Truillas (22 *septembre* 1793). — Enveloppé de toutes parts, à l'armée des Pyrénées, Dagobert en frémissant de rage se décida à la retraite, et commença à l'opérer avec la plus grande difficulté, craignant à chaque instant de voir rompre sa ligne. Trois bataillons républicains, totalement enveloppés, furent sommés de se rendre et mirent bas les armes. L'un d'eux appartenant, dit-on, au régiment de Vermandois, crut devoir se concilier l'affection des Espagnols, par les cris de *vive le Roi*. Cette lâcheté indigna le général en chef qui, oubliant un instant la situation critique de sa colonne, s'arrêta, *fit tourner ses pièces contre l'indigne bataillon et le mitrailla*. Cet acte remarquable de sévérité, dans un moment où le soin de sa sûreté et de celle de ses soldats semblait devoir occuper exclusivement le général français, intimida les Espagnols. Dagobert rallia ses soldats, les forma en carrés, et se retira lentement avec ordre, toujours menaçant, communiquant à ses troupes sa fermeté et son courage.

Abnégation sous le feu. — Le 13 août 1794, le général Mirabal, poursuivait l'ennemi dans les Pyrénées-Orientales. Sous les murs de Bellegarde, il reçoit le coup mortel. Ses soldats s'empressent à son secours, il refuse et les renvoie à l'ennemi en ces termes : « Chargez, mes amis, je meurs content si la victoire est à nous ». Sur le rapport du général en chef Dugommier, la Convention décréta que le nom du général Mirabal serait inscrit sur la colonne du Panthéon.

Mort du général Dubois. — A Roveredo, le 4 septembre 1796, le général Dubois tombe mortellement frappé de trois balles, à la tête de ses hussards. Étendu sur le sol, il essaye de suivre encore le mouvement de ses troupes et il oublie ses blessures pour ne songer qu'à l'issue du combat. Bonaparte accourut vers lui et lui adressa des paroles de consolation. « Je vais mourir, répond l'héroïque Dubois en serrant la main de son chef, mais, en succombant pour la patrie, que j'apprenne au moins le dernier succès de nos armes ! »

Le colonel Demange à Beaumont. — Le 30 août 1870, le corps du général de Failly est surpris à Beaumont. L'artillerie allemande canonne nos soldats à 800 mètres. Des caissons sautent, des chevaux s'enfuient à travers le camp, augmentant le désordre de la surprise. Les hommes se jettent sur les faisceaux, précipitamment : une panique est à redouter. Le lieutenant-colonel Demange sauve la situation. Il se porte sur le front des troupes, et, d'une voix tranquille, ordonne de reformer les faisceaux. Les soldats, rassurés par l'attitude calme de leur chef, obéissent et s'alignent en arrière de leurs armes. Le brave Demange monte à cheval, commande : « Rompez les faisceaux ! » indique un point de direction et exécute une marche rétrograde d'une précision remarquable. « Cette retraite sous le feu de l'ennemi, dit un témoin, a été admirable d'ordre et de silence. On se serait cru à l'exercice. »

Blessé grièvement à Mouzon, l'héroïque Demange se fait placer sur le bord de la route et commande encore à ses hommes : « En avant ! Ne vous occupez pas de moi ! » Quelques jours après, cet intrépide soldat mourait des suites de ses blessures.

Baroche au Bourget. — Le 28 octobre 1870, le 12e régiment des mobiles de la Seine résista héroïquement aux Prussiens au Bourget. Il perdit 120 hommes, dont 10 officiers. A la fin de l'action, son commandant, Ernest Baroche, retranche ses hommes dans deux maisons du village et écrase l'ennemi pendant une demi-heure par des décharges meurtrières. Lui-même a ramassé un fusil et fait feu comme un simple soldat, quoique blessé au front d'un éclat de pierre.

Il ne veut pas céder, il veut tenir jusqu'à la dernière extrémité.

« Lorsque le bataillon fut près d'être cerné par les Prussiens, M. Baroche invita ses officiers à battre en retraite, disant que, pour sa part, il ne voulait pas reculer. C'est en vain que ses officiers voulurent l'emmener ; ils furent obligés de le laisser seul avec neuf hommes, un sergent et un sous-lieutenant, qui refusèrent de quitter leur chef. M. Baroche s'avança le premier vers l'ennemi, qui croyait sans doute qu'il voulait se rendre ; à vingt pas des Prussiens, il s'arrêta, prit son revolver, puis il se retourna, salua ses compagnons et leur dit de se retirer, car il en était temps encore ; alors, il fit deux ou trois pas en avant, tira sur les Prussiens cinq coups de son revolver, et fut atteint par une effroyable décharge avant d'avoir pu tirer le sixième. De ses onze compagnons, trois seulement tombèrent, les autres purent s'échapper. Presque tous les Prussiens avaient visé le commandant. »

Le commandant Saillard à Épinay. — Le 30 novembre, 1800 soldats français tinrent tête à Épinay à toute l'armée saxonne, qu'il fallait immobiliser pendant que le corps du général Ducrot opérait à Champigny. La conduite du commandant Saillard, chef du 1er bataillon des gardes mobiles de la Seine, fut au-dessus de tout héroïsme. Il fut blessé sept fois. Il reçut, en outre, un éclat d'obus dans l'aine et eut les deux poignets coupés. Il se traîna le plus longtemps qu'il put, encourageant ses hommes du geste et du regard. Épuisé par la perte de son sang, il s'affaissa et leur ordonna de le laisser pour continuer la lutte. Il fut ramassé mourant par les Prussiens, qui refusèrent de rendre son cadavre. Ses compagnons de lutte ont érigé à Épinay une plaque portant ces mots :

Honneur et Patrie !

Ici a été mortellement blessé le brave Saillard (Ernest-Edouard), commandant le 1er bataillon des gardes mobiles de la Seine, au combat du 30 novembre 1870.

Nos officiers de zouaves. — Le 30 novembre, à l'attaque du château de Villiers, le lieutenant Houet, du 3e zouaves, reçoit une balle au ventre. Il sent qu'il va mourir. Tandis que son régiment défile devant le talus où il s'est adossé, il encourage les soldats du geste et de la voix et ne cesse de leur crier : « En avant, les zouaves, en avant ! Vive la République ! »

A Montretout, le lieutenant Bouissonous, des zouaves, est couché sur le terrain : il a un bras et le col du fémur brisés par un obus.

Son capitaine veut le faire emporter...

« Ne perdez pas votre temps, mon capitaine, car vous n'avez pas vu ça... »

Et le lieutenant ouvre sa capote d'où ses entrailles s'échappent.

Le général Renault à Champigny (2 *décembre* 1870). — Les positions de Champigny avaient été enlevées; les soldats, emportés par leur fougue, couraient en avant; tout à coup, un volcan éclate devant eux : quinze pièces de canon se démasquent et font une large trouée dans ces masses intrépides. C'est un instant de surprise dont les plus braves ne peuvent se garantir. Ceux qui n'ont jamais assisté à pareille aventure, ceux-là qui étaient fermes, une minute avant, se sentent froid au cœur; on se débande déjà...

Mais le général Renault, à cheval, suivi de son état-major, accourt : « Vous voulez fuir, mes enfants ?... Allons donc ! Venez voir plutôt si ma peau est mieux cousue que la vôtre et si j'ai peur ! »

Et il pique des deux; les jeunes soldats voient en avant de leurs rangs, ce général de soixante-quatre ans; ils le voient, — et ils le suivent...

Un officier veut retenir Renault; il saisit la bride de son cheval; un obus arrive, coupe le bras de cet officier et touche au ventre le cheval qui, furieux, part à fond de train : une nouvelle décharge abat le général et lui brise la jambe.

Renault fut amputé au bout de deux ou trois jours; après l'opération, il sourit à ceux qui l'entouraient et leur dit : « La France vaut bien une jambe ».

Quelques heures plus tard il expirait.

(*Elie Sorin.*)

ÉNERGIE DES BLESSÉS.

Fabert (1599-1662). — Fabert, célèbre général français, se préparant à faire le siège d'une ville, montrait à ses officiers les dehors de la place, et désignait du doigt un endroit où il fallait établir une batterie. Un coup de feu lui emporte ce doigt : il paraît n'y faire aucune attention, et indiquant le même point à l'aide d'un autre doigt : « Messieurs, continua-t-il, je vous disais donc qu'il faudrait placer ici notre première batterie ».

Saint-Hilaire à Salzbach. — Un général français à qui, dans la chaleur du combat, on vint dire que son fils venait d'être tué, répondit : « Songeons maintenant à vaincre l'ennemi ; demain je pleurerai mon fils. » Ce trait magnanime rappelle une belle parole de Saint-Hilaire, lieutenant général de l'artillerie sous Turenne. Le même coup de canon qui tua ce grand capitaine, emporta le bras de Saint-Hilaire. Il avait auprès de lui son fils, âgé de onze ans. A la vue du malheur arrivé à son père, l'enfant se jeta à son cou en pleurant et en sanglotant : « Ma mort n'est rien, mon fils, lui dit-il en lui montrant Turenne étendu mort ; voilà celui qu'il faut pleurer ».

Un héros de 17 ans. — C'était en 1782. Le régiment de Touraine (33ᵉ de ligne) combattait dans l'île Saint-Christophe. Un jeune soldat de 17 ans, Thiou, portait des bombes, des tranchées aux batteries. Un boulet lui coupe le bras droit. Le membre mutilé ne tient plus au tronc que par un tendon. Thiou prend le couteau d'un camarade, coupe le tendon, fait recharger la bombe sur son épaule gauche, et ne va se faire panser qu'après l'avoir portée à la batterie.

Un brave sergent. — Le 10 septembre 1792, David, sergent de grenadiers de Bressuire, retirant avec un couteau une balle qu'il avait dans les entrailles, disait à son camarade : « La voilà, je vais la leur rendre ! » Et il en chargea son fusil.

Énergie d'un grenadier. — Le 1ᵉʳ mars 1793, Frix Cabannes, grenadier au 3ᵉ bataillon du Gers, atteint d'une balle à la cuisse au camp de Sarre, l'arrache lui-même en disant : « Qui sait vaincre les ennemis ne craint pas la douleur ! »

Le 23 juillet, près d'Hendaye, il avait reçu une balle derrière la tête, et le 13 août une balle lui creva l'œil droit. Relevé parmi les morts, on allait l'ensevelir, quand il s'écria : « Malheureux, vous voudriez m'enterrer tout vivant ! J'ai encore du sang à verser pour ma patrie. »

Le général Beaupuy. — Le 27 octobre 1793, au combat d'Entrames, le général Beaupuy se battit avec son intrépidité ordinaire à la tête de son avant-garde. Au plus fort de la mêlée, il reçut une balle qui lui traversa le corps. Transporté dans une cabane à peu de distance de Château-Gonthier, sur la route d'Angers, on mit le premier appareil sur sa plaie, et l'on se disposait à le transporter plus loin, lorsqu'il dit avec ce calme qui ne l'abandonna jamais : « Qu'on me laisse ici, et que l'on présente ma chemise sanglante à mes grenadiers. » Il fut néanmoins conduit à Angers.

Blessure payée. — François Mallet, chasseur de la 1re compagnie du 1er bataillon de la 1re division, dans le fort d'une action, reçoit un coup de feu qui le prive de l'usage de son bras gauche. Il s'adresse à son camarade en lui disant : « Mets-moi ma baïonnette, il faut que l'ennemi me paye ma blessure ! » Et il fond sur lui à l'arme blanche.

(Championnet.)

Un blessé intrépide. — Dugoyer, fusilier au 4e bataillon des Landes, au commencement d'un combat, est atteint d'une balle ; il reste ferme à son poste. Dans le cours de l'action, il reçoit une autre balle dans le bras. Alors son capitaine veut le faire retirer, mais cet intrépide soldat lui dit fièrement en secouant son bras : « Non, capitaine, pas encore ; mon sang coule pour l'honneur français, mais mon bras n'est pas encore coupé ; je dois rester à mon poste. »

(Championnet.)

Un brave du 23ᵉ de ligne. — A l'attaque de Sarrebrück, un soldat du 23ᵉ de ligne reçoit une balle qui lui casse le bras droit. On veut le panser, il refuse, montre le poing aux Prussiens et réclame avec la dernière énergie son chassepot et ses cartouches.

Le maréchal Lebœuf, qui était non loin de ce brave, lui dit amicalement :

— Tais-toi donc, animal, dans quinze jours tu recommenceras.

Le troupier persiste quand même à réclamer son fusil ; puis, comprenant enfin qu'il ne pourra s'en servir :

— Eh bien, donnez-moi un sabre, j'irai de la main gauche.

Le vaillant turco. — A Wissembourg (4 août 1870), un officier de turcos a le bras droit fracassé par un éclat d'obus. Sa main abandonne son sabre, qui tombe à terre. Il le ramasse de la main gauche, et tout couvert de sang, le bras droit en lambeaux, continue à entraîner ses hommes, jusqu'au moment où il est atteint mortellement d'une balle en pleine poitrine.

Ténacité des Russes (*Campagne de 1877-1878*). — Napoléon 1ᵉʳ, qui se connaissait en bravoure, a dit des soldats russes : « Quand ils sont tués, il faut encore les pousser pour qu'ils tombent à terre ».

Quelques exemples, relevés dans la campagne de 1877-1878, montreront à quel point cet hommage rendu à l'énergie de courageux adversaires était justifié.

— Aux sanglants combats livrés devant Plevna, les blessés russes s'en allaient seuls à l'ambulance, et quand on leur offrait de les soutenir :

« Non, non ! nous aimons mieux laisser les camarades occupés à se battre qu'à nous porter ! »

— Un sergent-major, blessé mortellement, et voyant passer le drapeau du régiment de Kasan, se soulève en s'appuyant sur son sabre, fait le salut militaire à l'étendard qui passe, et retombe inanimé.

— Sous une tente, un soldat dangereusement blessé pousse des gémissements.

« Pourquoi te plaindre, dit un camarade, je suis plus dangereusement blessé que toi ; pourtant, je me tais, pour ne pas troubler le repos de mes camarades. »

— Un blessé russe soutient de sa main droite son bras sanglant et mutilé. Il prie qu'on le fasse boire, et, quand on cherche à le rassurer :

« Oh ! je connais mon affaire : c'est un bras de moins, mais c'est égal, nous avons la redoute. »

— Le général Dragomiroff est blessé. Aux soldats qui le portent sur un brancard :

« Allons, mes braves, ne boudez pas au feu, et chacun son sort : si l'on est tué, le mal n'est pas grand. »

Il a les muscles de la jambe, au-dessous du genou, gravement endommagés par une balle. Sa première question aux médecins qui examinent sa blessure est celle-ci : « Quand pourrai-je remonter à cheval ? Serai-je en état de reprendre le commandement et de faire le coup de sabre dans quelques jours ? »

(*Rapporté par Dick de Lonlay.*)

Le soldat Briavoine au Tonkin. — Voici une citation à l'ordre du jour des troupes de l'Indo-Chine, qui montre avec quelle bravoure nos soldats combattent en Extrême-Orient :

« Briavoine, soldat de 1re classe à la 4e compagnie du 1er bataillon du 10e régiment d'infanterie de marine.

« Blessé le 3 mai 1892, au combat de Klé-Cay, par une balle qui lui a traversé la poitrine, est resté dans les rangs, se traînant à la suite de ses camarades et ne s'est retiré que sur l'ordre de son lieutenant. »

A de tels hommes on peut tout demander !

Le laptot Baccary au combat de Tohoué (*Dahomey*, 1892). — « Je signalerai, de mon équipage, le quartier-maître laptot Baccary, qui, ayant reçu une balle dans le cou, n'a pas voulu abandonner son canon. Je vous le propose pour la médaille militaire. »

(*Rapport de M. de Fésigny, commandant la flottille de l'Ouémé.*)

Le clairon Daudart. — Pendant le combat qui a eu lieu à Akpa (Dahomey, 1892), le clairon Daudart sonnait la charge au moment où nos troupes faisaient une attaque furieuse à la baïonnette. Il fut atteint sérieusement à la jambe par une balle.

Le courageux clairon sonna toujours jusqu'au moment où, s'affaissant sur les mains, on fut obligé de le transporter à l'ambulance.

Le sergent Clérin (*Dahomey* 1892). — Clérin est un brave sergent d'infanterie de marine, et l'un des héros de l'expédition du Dahomey.

Le ruban de la médaille militaire orne sa boutonnière. Il n'a pas reçu moins de huit blessures; ce sont des chevrotines qui l'ont atteint : trois, dont une dans la tête, n'ont pu être extraites. Il n'a pas l'air de s'en porter plus mal. Ce nombre de projectiles reçus en une fois s'explique par ce fait que certains Dahoméens sont armés de fusils à pierre chargés jusqu'à la gueule de morceaux de plomb, de fer, de verre ; une vraie bombarde, telle que, lorsque le coup part, celui qui est touché est percé de tous côtés.

— Figurez-vous, dit un de ses officiers, que malgré l'atout qu'il venait de recevoir, cet animal ne voulait pas quitter sa section. Le sang lui giclait de toutes parts. J'ai dû, de force, le faire aller à l'ambulance, et en lui serrant le cou avec mon mouchoir.

— C'est bien vrai, mon capitaine, répond l'autre tranquillement, sans vous je crois que ça y était, et, s'il n'y avait pas eu de docteur à l'ambulance pour me faire les ligatures nécessaires, cela y eût été tout de même.

HUMANITÉ ENVERS LES VAINCUS.

« . . . .
Les officiers rappellent aux soldats que la générosité honore le courage : les prisonniers de guerre ne doivent jamais être insultés, maltraités ni dépouillés ; chacun d'eux est traité avec les égards dus à son rang.

Au combat d'Arlon (9 *juin* 1793). — Pendant le combat, le sous-lieutenant de carabiniers Blondel, grièvement blessé, s'adressa au chirurgien qui allait le panser, et lui dit généreusement, en montrant un Autrichien dont la blessure était encore plus grave que la sienne : « Faites d'abord le pansement de ce brave. — C'est un Autrichien, un ennemi. — Eh! qu'importe, c'est un homme comme moi, occupez-vous d'abord de lui ».

Proclamation de Carnot et Duquesnoy aux soldats de l'armée du Nord. — « ...Nous requérons les autorités civiles et militaires qui se trouvent dans la première division de l'armée du Nord, de prendre sur-le-champ les mesures les plus actives et les plus fermes pour que les auteurs, fauteurs et recéleurs des vols commis à Furnes soient connus et livrés à la rigueur des lois, et pour que les effets pris soient restitués dans le plus bref délai. Nous savons que les corps administratifs et les généraux s'en sont déjà occupés efficacement, et nous les invitons à continuer de réunir leurs efforts pour cet acte de justice qui intéresse si essentiellement l'honneur de la nation et la cause de la liberté.

« Rappelez-vous, soldats, que le premier de vos titres est celui de citoyens ; ne soyons pas pour notre patrie un fléau plus terrible que ne le seraient les ennemis eux-mêmes ; ils savent que la République ne peut exister sans vertus, et ils veulent, par les intrigues de leurs émissaires, en étouffer le germe parmi nous. Laissons-leur l'esprit de rapine et de cupidité, honorons-nous des vertus civiles encore plus que des vertus militaires ; que le faible et l'opprimé soient sûrs de trouver en vous une force tutélaire. *Les vieillards, les femmes, les enfans, les cultivateurs, les hommes paisibles de tous les pays sont nos frères ; nous devons les protéger contre la tyrannie, nous devons défendre, comme les nôtres mêmes, leurs personnes et leurs propriétés : tels furent toujours, même au siècle du despotisme, les sentimens du soldat français;* tels doivent être, à plus forte raison, ceux des soldats de la République »

Fait à Bergues, le 1ᵉʳ juin 1793, l'an II de la République française.

Signé : L. CARNOT, DUQUESNOY.

Le grenadier Bitry. — Le 25 septembre 1793, Claude Bitry, grenadier républicain, rencontre un convoi de prisonniers vendéens conduits par la gendarmerie. Ces malheureux criaient la faim. Bitry tire de son sac un pain de munition qu'il leur donne en leur disant : « J'ai beaucoup souffert ayant été votre prisonnier, mais à présent tout est oublié, puisqu'à votre tour vous êtes dans le malheur ». (*Championnet*.)

Mort de Bonchamp. — « M. de Bonchamp, après sa blessure, avait été transporté et déposé à Saint-Florent, où se trouvaient cinq mille prisonniers renfermés dans l'église. La religion avait jusqu'alors préservé les Vendéens du crime de représailles sanguinaires; ils avaient toujours traité généreusement les Républicains; mais lorsqu'on leur annonça que mon infortuné mari était blessé mortellement, leur fureur égala leur désespoir; ils jurèrent la mort des prisonniers. Pendant ce temps-là, M. de Bonchamp avait été porté chez madame Duval, dans le bas de la ville. Tous les officiers de son armée se rangèrent à genoux autour du matelas sur lequel il était étendu, attendant, dans la plus cruelle anxiété, la décision du chirurgien. Mais la blessure était si grave qu'elle ne laissait aucune espérance. M. de Bonchamp le reconnut à la sombre tristesse qui régnait sur tous les visages; il chercha à calmer la douleur de ses officiers; il demanda ensuite avec instance que les derniers ordres qu'il allait donner fussent exécutés, et aussitôt il prescrivit qu'on donnât la vie aux prisonniers renfermés dans l'abbaye : puis se tournant vers d'Autichamp, un des officiers de son armée qu'il affectionnait le plus, il ajouta : « Mon ami, c'est sûrement le dernier « ordre que je vous donnerai, laissez-moi l'assu- « rance qu'il sera exécuté ». L'ordre de M. de Bonchamp, donné sur son lit de mort, produisit tout l'effet qu'on en devait attendre. A peine fut-il connu des soldats que de toutes parts ils s'écrièrent : *Grâce! grâce! Bonchamp l'ordonne.* Et les prisonniers furent sauvés. »

(*Madame de Bonchamp. — Mémoires.*)

Les Français en Biscaye (1795). — Voici ce qu'écrivait, en 1799, un auteur partisan de la cour d'Espagne, sur la conduite des Français en Biscaye, dans l'année 1795 : « Même aujourd'hui il ne s'élève pas dans toute la Biscaye une seule plainte contre eux; l'éloge de leur discipline est dans toutes les bouches. Ils n'ont violenté ni les personnes ni les opinions, ils n'ont commis aucuns dégâts dans les églises, ils n'ont effacé aucune armoirie, ils n'ont imposé aucune contribution, soit en argent, soit en nature. Tout ce qui leur a été fourni, ils l'ont payé en écus et ils n'ont pas même essayé de donner cours à leurs assignats pour cet objet ».

Les deux blessés. — C'était pendant la campagne de Crimée. L'action avait été longue et sanglante. Le courage des assiégés, leur indomptable ténacité étaient dignes de l'énergie, de l'audace des assaillants. Le terrain de la lutte était jonché de morts et de blessés.

Le soir, deux de ceux-ci se trouvèrent étendus côte à côte sur le champ de bataille; on n'avait pas eu le temps de les relever. L'un était un Français, l'autre était un Russe.

Ils souffraient cruellement; ils essayèrent de se parler, et, s'ils ne se comprirent pas beaucoup, ils se témoignèrent du moins de l'amitié, qui adoucit les maux.

La nuit vint : un des deux s'endormit. Le matin, quand il se réveilla, il vit sur lui un manteau qu'il ne connaissait pas; il chercha son voisin. Celui-ci était mort, et, au moment de mourir, avait ôté son manteau et l'avait étendu sur son compagnon de misère.

C'était le soldat français qui avait été humain jusque dans la mort.

(*D'après E. Bersot.*)

Le général Changarnier à Noisseville. — Au combat de Noisseville, le 26 août 1870, nos soldats enlèvent un poste prussien établi à l'auberge de l'*Amitié*, en avant du village. On y apporte bientôt un jeune capitaine ennemi grièvement blessé. Il a la jambe emportée par un obus et demande à boire à grands cris, dans le délire de la fièvre. Un chirurgien français le panse. Les cris du blessé redoublent; la fièvre, devenant plus intense, augmente encore ses appels désespérés. Le général Changarnier va alors *lui-même* puiser de l'eau dans le ruisseau voisin et l'apporte au blessé allemand. Celui-ci la boit et remercie le général en lui serrant les mains. Puis il expire en s'écriant : « Ma mère ! » Dans sa poche on trouva une lettre de la pauvre femme, qui lui recommandait de faire son devoir, sans s'occuper du reste.

(*D'après Dick de Lonlay.*)

Les Turcs à Plevna. — Les Turcs se couvrirent de gloire en défendant Plevna. Il ne fallut rien moins que l'énergie indomptable des soldats russes pour triompher de leur héroïque intrépidité. Les adversaires firent assaut de courage et de ténacité. Aux formidables batteries établies par les Russes, ils ripostèrent avec une remarquable énergie. On voyait leurs officiers se montrer à découvert sur les remparts, battus de plein fouet par les projectiles russes. Les remparts s'éboulaient à tout instant sous les coups des obus. Ils ne se masquent pas sous cette bourrasque de fer, et froidement, stoïquement, ils indiquent de la main à leurs artilleurs les points sur lesquels ils doivent pointer leurs pièces. Dès que l'un roule, tué ou blessé, il est immédiatement remplacé par un autre.

Les Russes, qui se connaissent en courage, battent des mains d'admiration.

« Mon capitaine, dit un artilleur russe à son chef en les montrant, il faut bien espérer que lorsque nous aurons pris Plevna, le czar donnera la croix de Saint-Georges à ces courageux soldats ! »

BAZEILLES!!!

Le village de Bazeilles, où l'infanterie de marine avait si énergiquement tenu tête et infligé des pertes si sérieuses au corps bavarois de von der Thann, fut traité avec une sauvagerie qui rappelle les temps les plus barbares.

« Les maisons furent incendiées; quiconque essaya d'en sortir fut impitoyablement exterminé. Ni l'âge ni le sexe ne trouvèrent grâce; on fusillait, on perçait à coups de baïonnette, on assommait même dans les rues.

« Un coup de feu ayant été tiré d'une fenêtre, une maison est vaguement signalée. Les Bavarois y entrent, saisissent une femme âgée de cinquante ans et un homme de soixante ans. Ils sont liés ensemble, entraînés hors du bourg et fusillés. »

M. Robert, brasseur, fut conduit à quelques pas de sa maison, avec son domestique et sa servante, et tous trois furent égorgés.

Le maire et sa femme furent fusillés sur la grande place.

Le fils d'un tonnelier, M. Remy, jeune homme de vingt-six ans, était malade et couché. Un officier bavarois entre, lui tire deux coups de fusil, et une balle lui brise le poignet; une autre lui traverse le crâne.

Une jeune fille fut violée et massacrée ensuite.

Une autre, âgée de quinze ans, subit les mêmes outrages sous les yeux de sa mère, devant le lit où était étendu le cadavre du père.

Une dame, violentée par plus de dix Prussiens, mourut au bout de quatre jours.

L'âge le plus avancé ne protégeait pas contre la bestialité des vainqueurs ; une femme octogénaire fut traînée dans la rue et souillée publiquement.

Les Bavarois prenaient des enfants en bas âge par les pieds et leur brisaient la tête contre les murailles. On en retrouva au fond des puits.

Des femmes, qui parvinrent à échapper à ces monstres, cherchèrent un refuge dans les bois, où elles moururent en mettant au monde des enfants morts.

La fureur destructive et sanguinaire des Allemands croissant de minute en minute, ils mettent le feu aux habitations qui restent encore debout, en lançant des fusées, en versant du pétrole ou en jetant des bombes incendiaires. Six cents maisons deviennent la proie des flammes, et ceux qui s'y sont réfugiés sont condamnés à périr, car on ne peut songer à sortir sans être achevé à coups de fusil ou percé de coups de baïonnette.

Ce récit, tellement horrible qu'on pourrait le croire exagéré, est attesté par les témoins les plus dignes de foi.

Voici un passage d'une lettre écrite par M. le duc de Fitz-James, témoin de ces exécrables forfaits :

« Les Bavarois et les Prussiens, pour punir les habitants de s'être défendus, mirent le feu au village. La plupart des gardes nationaux étaient morts, la population s'était réfugiée dans les caves : femmes, enfants, tous furent brûlés. Sur deux mille habitants, trois cents restent à peine, qui racontent qu'ils ont vu des Bavarois repousser des familles entières dans les flammes et fusiller des femmes qui avaient voulu s'enfuir. J'ai vu, de mes yeux vu, les ruines fumantes de ce malheureux village ; il n'en reste pas une maison debout. Une odeur de chair brûlée vous prenait à la gorge. J'ai vu les corps des habitants calcinés sur leurs portes ».

Voici encore un extrait du récit fait par M. Domenech, aumônier de l'armée :

« Au moment où nous entrions dans ces champs piétinés, dix minutes avant d'arriver au centre du campement bavarois, nous vîmes une file de prisonniers, en tête desquels marchaient douze habitants de Bazeilles et une femme qu'on allait fusiller. A midi, les Allemands fusillèrent un autre groupe dans lequel on comptait six femmes; dans la commune, au coin d'une rue, se trouvait un troisième groupe de cinq femmes, attachées par les mains et fusillées. Si nous n'avions pas VU CES FAITS, nous ne les aurions pas crus. »

UN MAITRE D'ÉCOLE MARTYR.

LOUIS POULETTE.

Louis Poulette, instituteur à Vauxrezis (Aisne), âgé d'environ trente ans, d'un caractère doux et conciliant, de manières avenantes et agréables, avait su se faire aimer de ses chefs et de ses élèves. Comme c'était son devoir, il avait dressé la liste des gardes nationaux de sa commune. Pour déjouer les projets de vengeance des Prussiens, il avait pris soin de la détruire avant leur arrivée. Sans se laisser ébranler par les menaces de l'ennemi, il refusa de faire connaître les noms de ceux de ses concitoyens qui avaient pris les armes. Malheureusement, le garde champêtre Poittevin avait pris une copie de la liste des gardes nationaux à la mairie pendant une absence de l'instituteur. Le traître la livra aux Prussiens, et il aggrava encore son crime en dénonçant deux gardes nationaux, Létoffé et Déquirez, qui avaient fait le coup de feu sur des Prussiens, aux environs. Tous trois furent arrêtés. Pendant qu'on les fouillait, qu'on leur faisait subir mille outrages, les Prussiens eurent la cruauté d'obliger la pauvre femme de l'instituteur à préparer le repas des trois officiers qui les commandaient.

Vers dix heures du matin, Létoffé, Déquirez, Poulette et vingt-quatre otages de Vauxrezis furent entassés dans des charrettes réquisitionnées par l'ennemi, et furent dirigés vers le château de Vauxbuin où se trouvaient déjà des otages. On introduisit les prisonniers dans la salle du conseil de guerre qui se tenait au château, sous la présidence du lieutenant-colonel de Krohn, de la landwehr.

On reprocha à Poulette d'avoir distribué, malgré les ordres du maire, les fusils déposés à la mairie. La liste des hommes de la garde nationale, livrée par le garde champêtre, servit de pièce à conviction. « *Il a trempé dans le complot contre la sûreté des soldats allemands, il y a prêté la main...* » s'écrièrent ses juges ou plutôt ses bourreaux. Après une discussion assez orageuse, Poulette, Létoffé et Déquirez furent condamnés à être fusillés. Le lieutenant-colonel ordonna que l'exécution aurait lieu en dehors du parc, à cinquante mètres environ du mur d'enceinte.

Ce fut en vain qu'on demanda au colonel de Krohn la grâce des condamnés : « Non, répondit le bourreau, justice sera faite, le conseil a prononcé à l'unanimité », et il donna le signal fatal. Par un raffinement de cruauté, Létoffé, Déquirez et Poulette furent fusillés successivement, et — détail horrible — on força les otages à enterrer les morts et à piétiner le sol qui les recouvrait.

(D'après le *Bulletin de l'Instruction primaire de l'Aisne*.)

SERVICE DE SANTÉ.

. . . .

Art. 200. Tous les médecins de l'armée sont responsables, chacun en ce qui le concerne, du service de santé. Ils réunissent les moyens de secours et de transport pour les blessés.

Dès que le combat commence, si aucun ordre du commandement ne leur est parvenu, ils organisent le service de leur propre initiative.

Secours aux blessés.

Art. 271. Le nombre de médecins nécessaire est commandé chaque jour dans les corps de troupe, pour assurer les premiers secours aux hommes blessés dans les tranchées.

Des ambulances sont établies à proximité des attaques pour recevoir ces blessés, qui sont ensuite dirigés sur leur corps ou évacués sur un hôpital.

Le chirurgien Desgenettes en Égypte. — Desgenettes, attaché comme médecin en chef à l'expédition d'Égypte, s'y acquit une gloire immortelle. L'armée française, à peine débarquée, fut éprouvée par le climat, et un certain nombre de soldats furent affectés d'une peste qui s'annonçait par des tumeurs livides sur le corps, et dont la guérison semblait impossible. Si braves qu'ils fussent, nos soldats éprouvèrent un effroi concevable ; à la moindre fièvre ils se croyaient atteints de la peste. Il importait de faire cesser ce mal moral, plus redoutable encore que l'épidémie même ; Desgenettes le comprit et, parcourant les hôpitaux, il visita les malades et calma leur imagination effrayée. Il soutint que les bubons, qu'ils prenaient pour des symptômes de peste, appartenaient à une espèce de fièvre maligne qui n'exigeait, pour être guérie, que du repos et des ménagements. Cela était digne de l'homme de science. Voici maintenant ce que fit l'homme héroïque : Desgenettes, voyant que l'effet de ses paroles n'était pas assez grand, s'inocula, en présence des malades, la matière de leurs bubons et employa, pour se guérir, les remèdes qu'il leur ordonnait.

(*E. Charavay.*)

Le chirurgien Larrey. — Larrey s'est signalé dans l'exercice de l'art médical par un zèle, une humanité, un dévouement à toute épreuve.

Ses talents et son expérience l'avaient fait nommer chirurgien en chef de nos armées ; il les accompagna d'abord en Égypte, ensuite dans toutes les campagnes de l'Empire.

Sa conduite fut toujours admirable. Non moins

intrépide que le soldat, Larrey s'est plus d'une fois précipité sous le feu des canons ennemis, dans des grêles de balles et de mitraille, pour arracher à la mort ses victimes ; pour les panser et pour les nourrir. Plus d'une fois entouré de blessés, on l'a vu soutenir pendant trente heures, sans repos, sans nourriture, le pénible soin de remédier à leurs maux ; lasser par ses efforts ceux de ses auxiliaires les plus vigoureux, les plus patients, les plus résolus ; et, tout trempé de sueur et couvert de sang, ne quitter enfin ce grand travail qu'après le pansement complet du dernier blessé.

Pour lui, les rangs n'étaient marqués que par la douleur, et le plus humble soldat, s'il était le plus souffrant, était le premier qui recevait ses secours. Il ne bornait pas ces soins aux Français. Les soldats ennemis étaient également l'objet de sa sollicitude. Il ne connaissait d'autres distinctions que celles de la douleur à soulager. Aussi, Français et adversaires, tous le chérissaient.

Pendant la retraite de Russie, un de nos corps d'armée fuyait en désordre, suivi de près par l'ennemi. Un fleuve se présente : la Bérésina ; à la hâte on jette deux ponts : à la suite du corps d'armée, on voit se précipiter une foule immense de malheureux fugitifs de Moscou, avec leurs femmes, leurs enfants, leurs bagages, des soldats, des chevaux, de l'artillerie. De loin, dans la foule qui s'avance, on aperçoit Larrey. Mille cris s'élèvent : « Sauvons celui qui nous a sauvés ». La foule s'écarte, Larrey touche le pont, les soldats.

le font passer de main en main d'un côté du fleuve à l'autre ; il est sauvé ! Presque aussitôt les ponts surchargés fléchissent et croulent. Tout est englouti !

Malade lui-même, par suite des cruelles impressions d'un froid extrême et prolongé, Larrey n'en continua pas moins de prodiguer ses soins à nos malheureux soldats. Partout, du Niémen au Rhin, il créait des hôpitaux et organisait le service médical avec une activité qui tient du prodige.

A Waterloo, Larrey resta le dernier sur le champ de bataille; il fut pris, dépouillé de ses insignes et de ses vêtements, conduit de poste en poste, et les Prussiens allaient le fusiller quand il fut reconnu par le chirurgien allemand chargé de lui bander les yeux. « C'est Larrey ! » s'écria son obscur collègue. Aussitôt on lui donna une escorte de sûreté et d'honneur. Ce bon et grand savant consacra le reste de sa vie, qu'une fluxion de poitrine termina brusquement le 25 juillet 1842, au service des blessés et des malades militaires.

Napoléon a prononcé, à l'occasion de Larrey, ces paroles mémorables, qui sont un juste hommage rendu à ses mérites :

« Si jamais l'armée élève un monument à la reconnaissance, c'est à Larrey qu'elle devra le consacrer. »

A Sarrebrück. — Au début de la bataille de Sarrebrück, une ligne de tirailleurs de la brigade

Fauvart-Bastoul s'avance sous une grêle de balles que leur envoient les Prussiens, abrités dans les bois qui couronnent les hauteurs de la ville.

Un premier tirailleur tombe.

Alors on voit aussitôt un médecin-major s'élancer au galop, et, arrivé près du troupier, descendre tranquillement de sa monture sous une pluie de projectiles, soulever le corps de ce brave, mais, hélas! pour constater la mort. Le médecin-major revint tranquillement reprendre son poste.

Dévouement d'un médecin russe. — Au combat de Djoranli, 31 juillet 1877, un chirurgien, M. Cary, pansait les blessés; ceux-ci, accablés par un soleil ardent, se plaignaient vivement de la soif; malheureusement, il était impossible de trouver une seule goutte d'eau.

A une vingtaine de mètres en avant de la première ligne de tirailleurs, se dressait un puits au milieu des champs de maïs.

Pour empêcher les Russes de se procurer de l'eau, les officiers turcs avaient donné l'ordre à deux pièces de canon de surveiller les abords de ce puits et de faire feu sur quiconque s'en approcherait.

Voyant les blessés se plaindre de plus en plus de la soif et n'écoutant que son courageux dévouement, M. Cary se dirigea cependant vers ce puits, autour duquel on apercevait les cadavres de cinq ou six des chasseurs, étendus la face dans les sillons, et, malgré la grêle de balles et d'obus dont il fut accueilli, accomplit plusieurs fois ce périlleux trajet.

VIOLATION, PAR LES PRUSSIENS, DE LA CONVENTION DE GENÈVE.

Plus d'une fois les Prussiens ne tinrent aucun compte de la convention de Genève. Le drapeau blanc à croix rouge n'était pas une sauvegarde contre leur brutalité. La haine qui les fait nous appeler « l'ennemi héréditaire » ne sut pas toujours se taire devant les égards dus à l'adversaire abattu et au courage malheureux.

I. — A Strasbourg, à Toul, à Paris, à Orléans, nos ambulances furent à plusieurs reprises atteintes par les obus allemands.

II. — Après Reichshoffen, les médecins de l'armée de Mac-Mahon sont retenus huit jours par l'état-major prussien. On leur enlève leurs chevaux, leurs bagages, leurs trousses. Les officiers prussiens, tout en les retenant, ne leur procurent ni nourriture, ni logement. « Plusieurs d'entre eux, dit un témoin, ont été obligés de coucher dans les granges, et n'ont eu, pour nourriture, que des pommes de terre trouvées dans les champs. »

III. — A Gravelotte (16 août), les cavaliers prussiens qui ont pris part à la fameuse charge de Bredow (chevauchée de la mort) arrivent sur l'ambulance de la division Valabrègue. Un cuirassier blanc se jette sur le médecin-major Beurdy, qui panse un blessé. Le docteur a beau lui montrer son brassard blanc à croix rouge : le Prussien l'étend raide mort de deux coups de sabre.

IV. — A Moret-sur-Loing (Seine-et-Marne), le 5 novembre 1870, l'ambulance fut pillée par une colonne prussienne. Le linge des blessés fut volé, le drapeau de Genève arraché : les Prussiens prétendirent alors qu'ils avaient cru se trouver dans une maison abandonnée. Le médecin M. Horace Bureaud-Rioffrey, qui protesta énergiquement par écrit contre cet acte de sauvagerie, fut emprisonné et menacé de mort. Après avoir décidé de l'envoyer en forteresse, en Allemagne, on finit par lui laisser la direction de l'ambulance, où il donnait ses soins aux blessés des deux nations, tout en étant prisonnier sur parole.

V. — Le 21 janvier 1871, l'ambulance des mobilisés de Saône-et-Loire, à Hauteville, près de Dijon, est envahie par le 4e régiment poméranien. Le médecin-major Morin reçoit deux coups de crosse sur la tête. Un capitaine allemand lui brûle la cervelle d'un coup de revolver, et les soldats le lardent de 5 coups de baïonnette. Le pharmacien d'Héré est assommé à coups de crosse et achevé d'une balle. L'aide-major Milliat est traîné par les cheveux dans la cour, où un soldat le tue d'un coup de fusil. L'histoire ne saurait flétrir trop énergiquement de tels crimes contre l'humanité.

TITRE XI.

DES CONVOIS ET DE LEUR ESCORTE.

Défense d'un convoi.

Art. 208. Dès que le commandant est averti de la présence de l'ennemi, il fait serrer le plus possible les files des voitures et continue sa marche dans le plus grand ordre. Ordinairement il évite les occasions de combattre ; cependant, si l'ennemi l'a devancé dans un défilé ou sur une position qui domine la route, il l'attaque vigoureusement avec une grande partie de sa troupe, mais il ne s'abandonne point à la poursuite, afin de ne jamais s'éloigner du convoi et de ne pas donner dans le piège d'une feinte retraite. Le convoi, qui a dû s'arrêter, ne reprend sa marche qu'après que la position a été enlevée.

Attaque d'un convoi.

Art. 218. L'attaque d'un convoi a lieu de préférence dans les haltes, lorsqu'il commence à parquer, quand les attelages sont à l'abreuvoir, lorsque le convoi se trouve au passage d'un bois, d'un défilé, d'un point de route sinueux, d'un pont, ou dans une montée difficile.

Un détachement destiné à l'attaque d'un convoi est principalement composé de cavalerie ; il est utile d'y joindre de l'infanterie pour assurer le succès.

Le général Robert au col de la Cluse. — Le 18ᵉ corps, celui du général Billot, avait été chargé de couvrir la retraite de l'armée française vers la Suisse. Une arrière-garde, postée au col de la Cluse, défendait pied à pied les derniers échelons du Jura. Combien sont morts en disputant aux soldats de Manteuffel les passages par où devaient défiler l'artillerie et les bagages !

Au combat de la Cluse, le dernier qui se soit livré sur la terre française, il se produisit des faits d'armes à illustrer une armée.

Le 4 février, le général Robert restait avec sa seule brigade en face des Allemands. Vers trois heures, le feu cessa tout à coup du côté des Prussiens ; les Français s'arrêtèrent aussi par instinct. Un officier supérieur ennemi se détache alors et s'avance ; le général Robert marche à sa rencontre et, lorsque les deux hommes furent en face l'un de l'autre :

— Général, dit l'Allemand, vous êtes cerné, il ne vous reste plus qu'à vous rendre.

— Pardon, Monsieur, répondit simplement le

général Robert, il nous reste encore à mourir honorablement.

Mort affreuse d'un patriote français. — « Un paysan français ayant tiré sur un convoi de marchandises conduit par des soldats prussiens, nos hommes se jetèrent sur lui, lui passèrent une corde sous les aisselles, le suspendirent à un arbre et se mirent à tirer sur lui lentement, en visant d'abord aux jambes, aux bras, aux épaules, de façon à le faire souffrir le plus longtemps possible.

« Lorsqu'il rendit l'âme, cet individu avait trente-quatre balles dans le corps. »

> (*Extrait des Mémoires de Stieber, chef de la police de campagne prussienne en France, en 1870-71.*)

Enlèvement d'un convoi prussien par les gardes nationaux (Affaire de Fretoy). (5 *décembre* 1870). — Fretoy est un petit village de Seine-et-Marne, situé entre Coulommiers et Provins. Le 5 décembre 1870, il y eut, entre Français et Allemands, une affaire de peu d'importance au point de vue stratégique, mais qui mérite quand même d'être signalée, car elle montre que les habitants de nos campagnes surent conserver leurs âmes à la hauteur des circonstances, durant les heures sombres de l'invasion.

Dans la matinée, par une froide et neigeuse journée d'hiver, un convoi composé de douze soldats du 2ᵉ régiment d'artillerie de campagne de Poméranie, avec trois caissons et 19 chevaux, sous la conduite d'un adjudant, passait à Jouy-le-Châtel, fort bourg à mi-chemin entre Provins et Coulommiers; là le commandant demandait sa route pour se rendre à Nogent-l'Artaud, où il y avait un centre d'approvisionnement des troupes allemandes; dans l'espoir de faire prisonnier ce détachement, on leur indiqua la route de Provins dans une direction tout opposée. Après avoir marché longtemps et s'être perdus dix fois dans la forêt de Chenoise, ces soldats rencontrèrent un bûcheron du hameau des Chapelles, qui les remit dans leur route. Exténués, mourant de faim, ils s'arrêtèrent un instant à la ferme de Rubantard pour demander du pain, qu'ils mangèrent d'un grand appétit; réconfortés un peu, les Prussiens remontent à cheval, gagnent Bannost qu'ils ne font que traverser, et se dirigent sur le hameau du Montcel-de-Fretoy, où ils arrivèrent vers trois heures de l'après-midi. Ils se décident à faire halte dans cet endroit et à y coucher pour la nuit. Ils se répartissent par deux dans cinq maisons; l'officier et quatre soldats s'installent dans une autre.

Pendant ce temps, des gardes nationaux de Chenoise qui, prévenus par un courrier, avaient attendu en vain les Prussiens dans la forêt et s'étaient mis à leur recherche, arrivaient à Bannost; là ils trouvèrent les gardes nationaux réunis en conseil avec quelques volontaires des environs et discutant un projet d'attaque du détachement ennemi.

Lorsqu'on eut bien arrêté tout ce qu'on voulait faire, la petite troupe se compta; après la retraite de quelques hésitants, on se trouva une trentaine; c'était peu pour lutter contre des soldats aguerris et qui, on le supposait, se défendraient à outrance. Mais ceux qui restaient étaient bien résolus à faire payer cher aux Allemands l'audace qu'ils avaient de s'aventurer ainsi sur le sol de la France.

A la nuit, la petite colonne se mit en route; on marchait en silence, les armes basses, car la lune s'était levée, et sa pâle clarté qui éclairait la plaine, faisait craindre à chaque instant qu'on ne fût découvert.

Vers neuf heures, on fit halte près d'un petit bois, à une centaine de mètres des premières maisons du hameau de Montcel; un volontaire fut détaché en éclaireur pour aller reconnaître la situation; les cœurs battaient bien fort; on apercevait à quelques pas les caissons, et l'on s'attendait à toute minute à entendre le *Wer da?* ou *qui vive?* de la sentinelle qui devait les garder, mais tout resta silencieux.

L'homme revint au bout de vingt minutes, il n'y avait pas un instant à perdre, les caissons étaient seuls; on pouvait facilement s'en emparer; quant aux Prussiens, à l'exception des quatre logés avec l'officier, et qui veillaient, ils devaient être couchés.

Après les dernières recommandations, on se divisa par petits groupes, les uns chargés de se rendre directement à chaque maison renfermant des ennemis, les autres devant cerner le village, un dernier enfin chargé d'entourer les caissons. Tout était bien compris, les mains se serrèrent encore une fois avec effusion et, sans la prudence qui commandait tout, il est probable qu'on eût crié : *En avant!* et *Vive la France !...* que chacun se répétait tout bas.

Pendant que les choses s'accomplissaient avec plus ou moins de facilité dans les maisons où se trouvaient des Allemands, le petit groupe dirigé par le sergent-fourrier Lucien Bernot, ancien sous-officier d'infanterie, s'arrêtait devant le poste le plus dangereux : la maison occupée par l'officier prussien et ses quatre hommes. A travers les carreaux de la fenêtre, on voyait les cinq Prussiens aller et venir dans la chambre; l'officier, le dos tourné au foyer de la cheminée où flambait un bon feu, donnait des ordres à deux hommes qui préparaient un lit de paille, tandis que les autres, par crainte d'une surprise sans doute, visitaient les amorces de leurs pistolets, qu'ils accrochèrent ensuite à la cheminée, à portée de la main, de façon à pouvoir facilement s'en saisir à la première alerte.

Du dehors, les nôtres suivaient anxieusement tous ces préparatifs. Après un dernier coup d'œil sur la situation, Bernot dit à ses compagnons : « Pendant que je m'emparerai des sabres et des fusils déposés dans un coin de la pièce, saisissez-vous des hommes; pas d'hésitation! »

Un contre-temps vint encore hâter le moment d'agir : un des gardes nationaux, en passant, heurta par mégarde la porte charretière qui, vacillant sur ses gonds, produisit un bruit de ferraille qui fit lever la tête aux Prussiens. Il n'y avait plus une minute à perdre. Bernot, bien que songeant à sa femme et à ses cinq petits enfants, met le devoir envers la patrie au-dessus de tout; il ouvre la porte de la chambre et, d'un bond, se place devant les armes; malgré ses appels, un seul de ses compagnons l'a suivi, c'est Jules Proffit, ancien militaire aussi; en moins de temps qu'il n'en faut pour le dire, trois détonations retentissent : ce sont les Prussiens qui viennent de décharger leurs pistolets sur nos courageux soldats-citoyens, sans les atteindre. Proffit riposte en lançant un terrible coup de baïonnette qui traverse de part en part la poitrine d'un Prussien et le cloue dans une boiserie comme on cloue les hiboux et les chouettes après les portes des granges. Proffit sortit alors pour redemander à ses camarades un autre fusil, sa baïonnette s'étant rompue; mais il ne trouva personne, les coups de feu les avaient fait éloigner.

Revenus de leur surprise les Prussiens se sont mis sur la défensive, et, voyant qu'ils n'ont affaire qu'à un seul homme, ils poussent des hurrahs frénétiques; pendant que l'un d'eux saute à la porte et met le verrou afin d'empêcher Proffit de rentrer, les autres se ruent sur Bernot qui, droit, ferme, l'œil lançant des éclairs, le fusil à la main, soutint pendant plus de dix minutes une lutte épique.

Encouragés par la voix de leur chef, ne cessant

de crier : *Capout ! Capout !* les Prussiens assommaient Bernot à coups de crosse de pistolet; ce dernier, adossé à la muraille, jeta à terre son fusil, qu'il ne pouvait manœuvrer faute d'espace, et, s'élançant sur l'officier, il lui arracha son sabre des mains et se remit en garde. L'officier allemand ramassa le fusil de Bernot et s'en servit à son tour, essayant de percer de la baïonnette l'intrépide Français; mais presque tous les coups étaient parés adroitement par ce dernier, qui, bien que blessé à la tête, aux mains et aux bras, n'en continuait pas moins à soutenir le combat : d'un coup de sabre vigoureusement porté il tordit la baïonnette près du canon; l'officier lâcha alors le fusil pour en prendre un de ceux de ses hommes.

En ce moment, un coup de sabre mal paré atteint Bernot et lui coupe le front au-dessus de l'œil gauche; aveuglé par son sang qui l'inonde, le lion français, exalté par la lutte, superbe de patriotisme et d'ardeur, entre en furie et fait un effort désespéré.

Laissons-le causer :

« Serré de près par quatre Prussiens, je lance un coup de sabre à un à travers la figure, il recule, je fonce et j'en enfile un autre jusqu'à la moitié de ma lame... Plus que deux... je jette le sabre par terre, ramasse mon fusil qui était chargé, l'arme et tire à bout portant sur le chef au moment où, de son côté, il allait faire feu sur moi, mais il tomba foudroyé avant...; il n'en reste plus qu'un. Affolé, il a mis sabre bas, passe par-dessus le corps du chef, ouvre la porte d'une chambre, dérange un meuble et se cache derrière. »

Comme cette dernière phase du combat se terminait, la porte d'entrée du logis volait en éclats, enfoncée par Proffit, qui avait fini par ramener ses compagnons, lesquels furent très étonnés de retrouver Bernot vivant.

(*D'après L. Rogeron.*)

Mort du commandant Bonnaud (9 *juillet* 1892). — Le commandant Bonnaud, de l'infanterie de marine, fut désigné pour occuper le poste de Lang-Son. On lui donna le commandement d'un convoi, pour se rendre à son poste. Ce convoi était escorté par une faible troupe d'une cinquantaine de fusils.

A quatre kilomètres de Bac-Lé, dans un étroit sentier, le convoi fut surpris par une fusillade à bout portant, venant des hautes herbes et des broussailles qui bordaient la route.

Le commandant Octave Bonnaud tomba foudroyé, atteint d'une balle à la tête et de deux en pleine poitrine.

A ce moment se place un acte d'héroïsme qui montre jusqu'à quel point nos simples soldats ont le culte et le sentiment de l'honneur. Le corps du commandant gisait, sanglant, sur le bord de la route.

Un Chinois sort des broussailles pour le dépouiller et lui enlever sa croix d'officier de la Légion d'honneur.

Le soldat Bernasconi, du 10ᵉ régiment d'infanterie de marine, s'élance alors pour sauver de la profanation le cadavre de son chef.

Il tue le pirate chinois, et sauve ainsi le signe de la bravoure et de l'honneur qui brille sur la poitrine du modeste héros qui vient de mourir pour sa patrie.

I. — DÉFENSE DES COMMUNICATIONS DE L'ARMÉE.

Le sergent-major Juban. — C'était en Belgique, le 8 avril 1793. Le 5ᵉ bataillon de Rhône-et-Loire reçut l'ordre de démolir un pont. Cet ordre est à peine donné que déjà le pont s'écroule. Une arcade résiste encore. Juban, sergent-major, entreprend de l'abattre, malgré les représentations de ses camarades qui lui montrent vainement le danger qu'il court. Mais à peine a-t-il brisé une clef en fer qui soutenait l'arcade qu'elle s'écroule avec fracas sous ses pieds et l'entraîne avec elle dans la rivière. C'est Horatius Coclès au milieu des flots, glorieusement environné des débris du pont qu'il a rompu. Juban, plongé dans l'eau jusqu'au cou et presque tout couvert de débris, dit : « La mort n'est rien quand on sert la patrie. » Il ne cesse de crier : « Vive la République ! », il se débarrasse et, par une espèce de prodige, regagne le bord.

(Championnet.)

Energie de Duclavé. — En 1796, la 38ᵉ demi-brigade fut chargée de la défense de la tête de pont de Huningue.

Resté seul dans un ouvrage avancé, le sergent-major Duclavé va tomber aux mains de l'ennemi. Non! Il se fait jour à travers un peloton d'assaillants, la baïonnette en avant; il traverse un bras du Rhin, rejoint les soldats de son régiment qui sont dans un ouvrage à l'arrière, les rallie et arrête l'ennemi qui nous pressait, par plusieurs décharges bien dirigées. Il fut nommé sous-lieutenant.

II. — LES COMMUNICATIONS DE L'ARMÉE SAUVÉES.

Les pontonniers du général Eblé à la Bérésina (1812). — L'armée française, après l'incendie de Moscou, reculait devant les Russes et leur terrible auxiliaire « le général Hiver », comme l'appelait Napoléon. Elle arriva aux bords de la Bérézina, qu'il lui fallut franchir, sous le feu de l'ennemi, qui avait détruit les ponts, et qui la harcelait sans relâche.

C'est alors que se dévouèrent les braves pontonniers du général Eblé.

Quatre cents d'entre eux arrivèrent le 25 novembre 1812, vers 5 heures du matin, à Borizow.

Ils avaient avec eux six voitures renfermant des

outils en bois et en fer, des clous, des haches, des pioches et du fer, deux forges de campagne et du charbon.

C'était tout ce qu'ils possédaient ; un grand matériel comprenant soixante bateaux avait été brûlé six jours auparavant.

Les pontonniers étaient déjà fatigués par de longues marches de jour et de nuit et affaiblis par le manque de nourriture ; il leur fallut encore abattre des maisons, en rassembler les bois, construire les chevalets, jeter les ponts, les entretenir et les réparer, tout cela pendant trois jours et trois nuits !

Il fallait travailler dans l'eau, au milieu d'énormes glaçons, sous les boulets de l'ennemi, sans une heure de repos, en prenant à peine le temps d'avaler, au lieu de pain, de viande et d'eau-de-vie, un peu de bouillie sans sel.

L'eau gelait, et il se formait autour de leurs épaules, de leurs bras, de leurs jambes, des glaçons qui, s'attachant aux chairs, causaient de vives douleurs.

Le 26 novembre, trois chevalets du pont de gauche s'écroulèrent. Ce funeste événement consterna le général Eblé. Il savait combien les pontonniers étaient fatigués, et il désespérait presque de réunir le nombre d'hommes nécessaires pour travailler à des réparations aussi urgentes. On ne demanda que la moitié de la troupe ; mais ce ne fut pas sans peine qu'on put retirer d'auprès du feu, où ils étaient endormis, des hommes harassés de fatigue. Des menaces eussent été bien infructueuses. Il ne fut pas besoin de ces menaces ; ces braves obéirent à la voix de la Patrie et à celle de l'Honneur. D'ailleurs ils étaient stimulés par l'attachement et le respect qu'ils portaient à leur chef, le général Eblé.

Le 27, à 2 heures heures du matin, trois chevalets du même pont se rompirent à l'endroit le plus profond de la rivière. La seconde moitié des pontonniers fut employée à réparer ce nouvel accident.

Animés et soutenus par la présence et l'exemple du général Eblé, les pontonniers ont montré une persévérance et un dévouement sans bornes dans les pénibles réparations des ponts dont ils furent chargés. Ils sauvèrent l'armée française.

(*D'après E. Lavisse.*)

III. — LES COMMUNICATIONS DE L'ENNEMI COUPÉES.

Les chasseurs des Vosges à Fontenoy-sur-Moselle (22 *janvier* 1871.) — Au milieu du département des Vosges, sur un plateau boisé dominant les petites villes de Chatenois et de Lamarche s'élève la maison forestière de Boëne.

Là s'était retranché, dans l'hiver de 1870, un petit corps de volontaires français, sous les ordres d'un vieux soldat d'Afrique et d'Italie, le commandant Bernard, et d'un ancien élève de notre Ecole militaire, le capitaine Coumès.

C'étaient les chasseurs des Vosges. En quelques semaines, ils firent une forteresse de ce petit bâtiment. Les arbres des bois environnants furent abattus et disséminés sur les sentiers, opposant un obstacle infranchissable à la marche de l'ennemi. Des talus, des fossés et une forte enceinte de palissades complétèrent ce système de défense.

Jusqu'à la signature de la paix, le drapeau français flotta sur ces ouvrages. Les Prussiens n'osèrent attaquer la position.

Les braves militaires ne restèrent pas pour cela inactifs. Ils harcelèrent continuellement l'ennemi. Chaque jour, ils sortaient en petit nombre, attendaient dans les fossés des routes les détachements séparés de l'armée allemande, les attaquaient à l'improviste et rentraient toujours dans leur camp avec quelque nouvelle prise.

Les Prussiens les craignaient autant qu'une armée entière.

Mais ces continuelles escarmouches, quoique très meurtrières pour l'ennemi, ne suffisaient pas à l'ardeur patriotique des vaillants chasseurs. Ils voulaient être plus directement utiles et concourir à une action importante.

Dans les premiers jours de décembre 1870, ils formèrent le projet de couper la grande ligne d'approvisionnement des Allemands, en faisant sauter le pont de Fontenoy, à 7 kilomètres à l'est de Toul.

Aucune opération ne pouvait être plus funeste à l'armée prussienne.

« Si vous réussissez dans votre projet, leur dit le ministre de la guerre, vous aurez fait autant pour la défense que si nos armées remportaient deux victoires. »

Les difficultés d'une pareille entreprise étaient énormes. On manquait de poudre, et comment en faire venir à travers un pays occupé de toutes parts par les ennemis? Des essais infructueux furent faits pour en fabriquer sur place. Enfin, le commandant de la ville de Langres en fournit une ample provision, et la fit parvenir à nos chasseurs à travers les lignes prussiennes.

Ces braves se préparèrent alors à une périlleuse expédition, et, le 18 janvier, à la nuit tombante, ils se mirent en marche au nombre de 300.

La route de Mirecourt à Neufchâteau s'offrait à eux; mais tous les villages étaient pleins d'ennemis.

Les chasseurs prirent à travers champs pour éviter de tomber dans les troupes allemandes. Ils marchèrent toute la nuit, et ne s'arrêtèrent qu'à 9 heures du matin, après avoir fait 40 kilomètres.

Jamais marche militaire ne s'accomplit dans des conditions plus difficiles.

Il fallut user de précautions inouïes pour tromper la vigilance des Prussiens; le bataillon ne marcha que la nuit, franchissant en quelques heures d'énormes distances dans des chemins couverts d'une épaisse couche de neige, se réfugiant pendant le jour dans des fermes isolées, déjà saccagées par l'ennemi, et où l'on ne pouvait se procurer aucune nourriture.

Pour traverser les villages, les chasseurs, craignant l'indiscrétion des habitants, se déguisèrent avec des manteaux et des casques pris précédemment aux ennemis.

Les Alsaciens qui étaient parmi eux menaçaient en allemand les curieux qui mettaient le nez aux fenêtres. Ils parvinrent ainsi à donner le change aux paysans, qui demeuraient persuadés qu'une troupe prussienne avait passé chez eux.

Enfin, après mille fatigues, la petite colonne atteignit les bords de la Moselle dans la nuit du 21 au 22 janvier.

Il fallut alors franchir la rivière et tourner la forteresse de Toul, et cela sans voitures, le moindre bruit pouvant donner l'éveil. Les hommes se chargèrent des sacs de poudre, de pelles et de pioches pour le travail de la mine.

A minuit, la petite colonne franchit la Moselle au bas du village de la Breiche, après avoir débarrassé les eaux des glaces qui les obstruaient. Il leur fallut entrer dans la rivière par un froid de cinq degrés pour attaquer les glaçons à coup de pioche.

Rien n'était impossible à ces intrépides volontaires.

A peine sont-ils passés que le canon se fait entendre dans la direction de Toul.

Craignant d'être surpris avant d'avoir accompli leur œuvre, ils précipitent encore leur marche et arrivent à Fontenoy le 22 janvier, à 5 heures du matin.

Un poste prussien occupait la gare ; il fallait

à toute force le réduire à l'impuissance avant de rien tenter.

Une sentinelle qui veut résister est tuée par le capitaine Coumès.

Les chasseurs s'élancent, la baïonnette en avant, sur le poste. En quelques instants, ils font tomber sous leurs coups les ennemis qui veulent se défendre, les autres se rendent à merci, et la gare reste en notre pouvoir.

Alors ils se dirigent vers le pont, et le travail commence avec une activité fiévreuse. On creuse d'abord sans trouver la chambre de mine dont l'emplacement avait été mal indiqué; enfin, on la découvre, et les sacs de poudre y sont descendus.

Un train arrive de Toul à toute vapeur. « Nous sommes trahis ! » s'écrient les soldats, et tous s'apprêtent à vendre chèrement leur vie.

Mais les Prussiens les ont aperçus. Arrivé à un kilomètre de la gare, le train, qui devait inévitablement dérailler, s'arrête tout à coup et rebrousse chemin.

Dans la précipitation que cause cette alerte, un des travailleurs laisse tomber sa lanterne sur les sacs de poudre. Un instant encore et l'explosion va ensevelir tous ces braves.

Mais un mineur, Tissot, a vu le danger. Prompt comme l'éclair, il s'élance sur les sacs, au risque d'être broyé, et a le bonheur d'arriver à temps pour conjurer le péril.

On pose les mèches, on y met le feu, et la petite troupe s'éloigne en toute hâte.

A peine les chasseurs sont-ils rentrés dans le village qu'une formidable détonation ébranle la terre, c'est le pont qui saute.

Les héroïques volontaires ont atteint leur but : « Vive la France ! » s'écrient-ils avec enthousiasme. Les paysans répètent cette acclamation. Ils s'empressent autour des soldats. Mais il faut partir ; le bataillon quitte Fontenoy avec les sept prisonniers du poste. Pas un seul homme ne manquait à l'appel, et pourtant nulle troupe ne courut jamais de plus grands dangers. Le village de Fontenoy devait expier cruellement cette action héroïque, à laquelle cependant sa population était restée étrangère.

« Nous sommes perdus ! » avaient dit les villageois au départ des chasseurs.

Ils n'avaient que trop prévu ce que leur réservait la vengeance prussienne.

Ce fut une véritable armée qui se rua sur le pauvre hameau. Les Allemands commencèrent par dévaliser les habitants. Après le pillage vint l'incendie. Défense fut faite de porter aucun secours, et une pauvre malade fut brûlée vive dans son lit, sans qu'on pût l'arracher à cette mort affreuse.

L'église seule et quelques bâtiments réservés par l'ennemi pour son usage restèrent debout.

Cette vengeance des Allemands contre une population inoffensive est un des actes les plus odieux qui aient été commis dans cette campagne. Qu'une armée brûle une ville qui lui résiste, pour en déloger les défenseurs ; qu'une bourgade, prise après un combat, soit livrée au pillage, ce sont là les tristes suites de la guerre ; mais incendier de sang-froid un village paisible, parce qu'une troupe régulière y a vaincu et enlevé un poste ennemi et fait sauter un pont, c'est une cruauté que l'Allemagne ne pourra ni justifier ni excuser.

Heureusement, la générosité française est à la hauteur de pareils désastres.

L'héroïque dévouement des chasseurs des Vosges et la terrible exécution militaire exercée contre Fontenoy avaient ému tous les cœurs. De toutes parts des souscriptions s'organisèrent. Des vêtements, des vivres, de l'argent arrivèrent bientôt de toutes les villes environnantes, pour soulager tant de misères.

Les nations étrangères voulurent aussi contribuer à cet acte de charité ; des Anglais, des Suisses, des Belges envoyèrent d'importants secours.

Aujourd'hui, Fontenoy s'est relevé de ses ruines. Il a repris un air de gaieté et de jeunesse, avec ses constructions neuves. De la terrible journée, il ne lui est resté que la haine du Prussien et le souvenir glorieux des chasseurs des Vosges.

(*Alfred Mézières.*)

TITRE XIII

DES PARTISANS.

Objet et composition des détachements de partisans.

Art. 215. Le général en chef peut seul constituer des détachements isolés destinés à agir en partisans.

Leur destination est d'éclairer au loin les flancs de l'armée, de protéger ses opérations, de tromper l'ennemi, de l'inquiéter sur ses communications, d'intercepter ses courriers et ses correspondances, de menacer ou de détruire ses magasins, d'enlever ses postes ainsi que ses convois, ou tout au moins de retarder sa marche en le forçant à protéger les uns et les autres par de forts détachements.

Le Grand Ferré. — Le Grand Ferré était un paysan du village de Longueil, près de Compiègne. Il fut, pendant la captivité de Jean le Bon, la terreur des Anglais.

Ceux-ci étant venus attaquer le monastère de Sainte-Cornuille, le capitaine Guillaume Lalouette qui commandait les paysans fut tué, et remplacé par le Grand Ferré.

C'était un homme d'une force de membres incroyable, d'une corpulence et d'une taille énormes, plein de vigueur et d'audace, qui, maniant une lourde hache, frappait et redoublait si bien, qu'il fit la place nette. Il tue leur porte-enseigne, s'empare de leur bannière et la jette dans un fossé. Les Anglais prennent la fuite : il en avait tué plus de quarante. Il les battit encore une fois en rase campagne, mais, ayant bu de l'eau froide en quantité, il fut saisi de la fièvre et obligé de regagner sa chaumière pour se mettre au lit; mais il garda auprès de lui sa bonne hache de fer, qu'un homme ordinaire pouvait à peine lever.

Les Anglais, ayant appris qu'il était malade, envoyèrent douze hommes pour le prendre ou le tuer. Sa femme, qui les vit venir, se mit à crier : « Oh! mon pauvre Grand! Voilà les Anglais, que faire? » Lui, oubliant à l'instant son mal, se lève, prend sa hache et sort dans la petite cour. « Ah! brigands, vous venez donc pour me prendre au lit! Vous ne me tenez pas encore. » — Alors, s'adossant à un mur, il en tua cinq en un moment; les autres s'enfuirent. Le Grand Ferré se remit au lit; mais il avait chaud, il but encore de l'eau froide; la fièvre le reprit plus fort, et, au bout de quelques jours, il sortit du siècle et fut enterré dans le cimetière du village. Il fut pleuré de ses compagnons et de tout le pays, car lui vivant, jamais les Anglais n'y seraient venus.

(*D'après Michelet et le Continuateur de Nangis.*)

Le sergent Lafleur. — Le sergent Lafleur, sous le règne de Louis XIV, partagea la gloire acquise par le marquis de Chamilly pour la belle défense de la place de Grave. Ce sergent était sorti en partisan avec 21 soldats et rentrait avec plusieurs prisonniers, lorsqu'il tomba au milieu d'un détachement de 200 Hollandais, sorti de Bois-le-Duc. Sans se laisser effrayer, il gagna une petite cassine qui s'élevait au bord de la route, s'y retrancha, et ouvrit un feu si meurtrier que 34 Hollandais restèrent sur le terrain ; les autres prirent la fuite. Lafleur rentra dans Grave en y ramenant tous ses prisonniers et n'ayant perdu qu'un homme tué et un blessé. Louis XIV le nomma lieutenant, faveur bien rare en ces temps-là pour les sous-officiers, et le nom de Lafleur devint populaire comme celui d'un grand général.

Un défenseur de Metz. — **Le franc-tireur Hitter.** — Hitter était brasseur à Metz au moment de la guerre de 1870. Lors du blocus de la place, il fut autorisé à courir sus aux convois ennemis avec un peloton d'une vingtaine de francs-tireurs, qu'il avait organisé. Pendant les grandes batailles de Gravelotte et de Saint-Privat, il enleva plusieurs voitures de vivres et de munitions aux Allemands. Le 20 août, il fit à lui seul 3 Prussiens prisonniers.

Ce n'était pas un jeune homme pourtant, mais un solide vieillard, aux épaules trapues, à la longue barbe blanche. On le trouvait partout où il y avait à nuire à l'ennemi, le fusil passé en bandoulière sur sa vareuse grise, les pistolets à la ceinture. Il fut vite populaire dans la ville, et les Prussiens, à leurs dépens, apprirent bien vite à connaître celui qui leur faisait tant de mal, et qu'ils avaient baptisé le « *Vieil ours blanc* ».

Un défenseur de Strasbourg.—Le père Picot.

— Le père Picot est un vieux patriote alsacien. Il servit trente ans dans le corps des douaniers.

Il vivait retiré à Strasbourg au moment où la ville fut investie par les Badois de Werder. Malgré ses soixante-cinq ans, il s'engagea dans une compagnie franche formée pour la défense de la place. Il y devint vite sergent. Le vieux brave, qui était appelé là-bas « *le doyen des francs-tireurs* », se signala entre tous par son audace et son adresse. Il faisait seul ou accompagné de petites troupes des incursions dans les lignes d'investissement, enlevant les sentinelles, bousculant les petits postes. On ne compte pas les Badois qu'il a tués dans les tranchées et dans les fossés en avant de la place. Un jour il revint *seul* des six compagnons qui l'avaient accompagné ; les autres étaient tombés, dans une de ces embuscades que les ennemis tendaient pour mettre la main sur le père Picot, leur terreur.

Pendant le bombardement il fut aussi héroïque que devant les balles ennemies. Il courait sous les bombes éteindre les incendies.

La ville entière avait une véritable vénération pour ce vieillard patriote.

L'ennemi lui-même voulut rendre hommage à sa valeur en lui offrant un traitement élevé, et le poste de professeur d'escrime dans un des *gymnases* (collèges) de la ville. Il refusa dignement, disant :

« Je ne veux pas enseigner l'escrime à des enfants qui iront un jour combattre la France ».

Noble exemple de désintéressement, qui rehausse encore le courage et ne peut qu'inspirer la plus vive admiration pour le caractère chevaleresque du père Picot.

Un défenseur de Paris.—Le sergent Hoff. — Le siège de Paris (1870), compte bien des actes d'héroïsme individuel qui constituent d'intéressants épisodes et qui resteront comme des exemples de froide bravoure et d'audacieux patriotisme.

Parmi ceux qui se sont distingués entre tous il faut citer le sergent Hoff.

C'était un Alsacien d'une énergie indomptable et qui avait au cœur la haine implacable de l'Allemand.

Voici, du reste, l'opinion du général Le Flo, ministre de la guerre durant le siège de Paris, sur cet homme aussi brave que modeste :

« Il m'avait été recommandé de la façon la plus chaleureuse par son général de division d'Exéa, et chaque fois que je l'ai vu, il m'a touché par sa simplicité, sa modestie et, j'ajoute, par son désintéressement. Il est très vrai que j'eus un jour l'idée d'en faire un officier et qu'il fut le premier à répondre que son défaut d'instruction ne lui permettait pas d'être autre chose que sergent. Il est également vrai qu'au moment de quitter Paris pour essayer de porter une lettre de moi au maréchal Bazaine, et ayant reçu la promesse d'une récompense de 20,000 francs s'il me rapportait une réponse à cette dépêche, il me dit encore : — Merci, mon général, mais permettez-moi de refuser toute récompense pécuniaire ; je ne veux pas d'argent. »

Les exploits du sergent Hoff en avaient fait la terreur des Prussiens, et lui avaient attiré dans la population parisienne la réputation d'un personnage de légende. Cette réputation était d'ailleurs méritée, comme en témoignent les documents officiels :

« Accompagné d'un garde mobile, il s'est approché à vingt pas d'une sentinelle prussienne, l'a tuée et a également tué un soldat ennemi accouru au secours de son camarade.

Le sergent Hoff a tué environ trente Prussiens et a reçu la croix de la Légion d'honneur, en raison de ses nombreux actes de courage. » (Rapport militaire du 9 janvier 1871.)

Hoff, qui gagna si vaillamment la croix de la Légion d'honneur et qui actuellement est gardien de l'Arc de Triomphe, a reçu douze blessures. Honneur à ce brave !

Le coup de main de Joinville. — « Le 3 septembre 1870, on me fit savoir que *quatorze* Prussiens, venant de Vassy et se dirigeant sur Toul, venaient d'arriver à Joinville.

« A *quatre,* il nous était difficile de les attaquer en plein jour au milieu des rues de Joinville. Nous résolûmes d'aller les surprendre la nuit dans leur casernement. Nous devions user de prudence, car je redoutais un piège. Je savais, en effet, que les Prussiens, à la nouvelle que le 1er septembre des francs-tireurs leur avaient fait dix prisonniers dans ce même pays de Joinville, avaient envoyé de Saint-Dizier 225 hommes d'infanterie et 25 cavaliers, qui s'étaient mis à notre recherche.

« A minuit, nous arrivons à Joinville, accompagnés d'une demi-douzaine de chasseurs du pays voisin. Je fais aussitôt couper les fils télégraphiques de Vassy et de Saint-Dizier, et nous nous rendons à la caserne des Prussiens.

« Mon lieutenant, avec deux chasseurs, y pénètre aussitôt et s'empare des armes, que je fais charger séance tenante sur l'une des voitures préparées à l'avance. Puis, énergiquement, nous sommons les Prussiens de se rendre à discrétion. Plusieurs d'entre eux tentent de résister. Mon lieutenant et moi les menaçons de notre revolver et ils finissent par se déclarer prisonniers. Nous les plaçons tous les quatorze sur deux chariots et nous détalons lestement, marchant toute la nuit l'œil au guet, afin d'être prêts à nous défendre contre les uhlans de Vassy, lancés à notre poursuite.

« Nous arrivons enfin à Boulogne le lendemain 4, à neuf heures du matin. » (*Bombonnel.*)

GUIDES ET ESPIONS.

Art. 217. Les partisans sont obligés de faire souvent usage de guides, et quelquefois d'espions.

Le choix des guides doit porter sur des hommes intelligents, et particulièrement sur des chasseurs, des braconniers, des bergers, des charbonniers, des bûcherons, des gardes champêtres ou forestiers.

Il est prudent d'en prendre plusieurs, de les questionner séparément, et de les confronter ensuite, si les renseignements qu'ils donnent diffèrent les uns des autres.

Quand on n'a qu'un guide, on le fait marcher à l'avant-garde, entre deux hommes chargés de le surveiller et, au besoin, d'user contre lui de rigueur; quelquefois même on l'attache.

Les contrebandiers et les colporteurs sont particulièrement propres à servir d'espions; quelquefois on leur adjoint, pour les surveiller eux-mêmes, un homme intelligent et sûr qui parle la langue du pays.

Le général Vincent. — Le général Vincent reçoit du général en chef de l'armée de la Moselle l'ordre de s'emparer du fort de Rheinfels, dans une île du Rhin, poste à la défense duquel la nature et l'art avaient également contribué. Vincent avait la vue fort basse, et cependant il ne voulait se reposer sur personne du soin d'examiner la position du fort et celle où l'on pouvait établir les batteries. Il quitte son uniforme, se revêt de celui de simple soldat, feint d'être la sentinelle perdue, et va, sous le feu de l'ennemi, reconnaître la place et les alentours. Il se retira après avoir essuyé plusieurs coups de carabine, auxquels l'ennemi eût mis plus d'attention s'il avait cru fusiller le général.

Pendant la nuit, Vincent prit ses dispositions, et le lendemain le drapeau tricolore flotta sur le fort de Rheinfels.

Patriotique réponse. — Les officiers allemands n'hésitaient pas à courir les risques d'une mort obscure pour servir leur pays.

Le 6 août 1870, un espion prussien, qui avait pénétré dans les lignes françaises, fut découvert à Volmeranges (Lorraine).

Il fut arrêté, conduisant une voiture d'avoine qui marchait avec le convoi d'une division d'infanterie.

Quoiqu'il eût pris la précaution de se déguiser en charretier, la finesse de son linge et la tenue de sa personne le trahirent. On s'aperçut qu'on avait affaire à un officier allemand, on lui mit la main au collet et on le conduisit à l'état-major français.

Pressé de questions, se voyant accusé par toutes les preuves qui se tournaient contre lui, il n'hésita pas à avouer franchement qu'il était entré dans nos camps pour recueillir des renseignements sur nos corps de troupes, pour suivre nos mouvements et relever les positions occupées par nos corps d'armée.

Avant de le livrer à la justice militaire, on lui fit remarquer les conséquences terribles de l'acte d'espionnage auquel il s'était livré.

La perspective de la cour martiale et de l'arrêt de mort n'ébranla pas son courage.

Il répondit en allemand, avec une tranquillité d'âme parfaite et une simplicité vraiment antique, tout en esquissant un sourire de dédaigneuse fierté :

« On doit aimer sa patrie et son roi, et au besoin savoir mourir pour eux. »

Réponse admirable, qui montre à quel point étaient pénétrés de leurs obligations de soldats et de patriotes les officiers allemands, et devant laquelle tout homme de devoir est obligé de s'incliner. « Il faut, a dit Byron, savoir rendre hommage à la mémoire d'un ennemi. »

L'espion Harth. — Quoique la guerre fût déclarée depuis un mois, malgré la peine terrible édictée par le Code militaire contre les espions en temps de guerre, les officiers allemands ne reculaient pas devant la mort et pénétraient jusqu'au centre de la France pour y recueillir des renseignements.

Le 12 août 1870, l'un d'eux était arrêté à Pouilly, près de Gien. Il avoua être officier prussien et se nommer Charles de Harth. Il déclara qu'il envoyait à l'état-major allemand des communications sur le mouvement des esprits en France, ainsi que des plans des préparatifs de défense des bords de la Loire.

Conduit à Paris, il fut traduit devant le 2ᵉ conseil de guerre de la Seine, et condamné à mort le 22 août. Il se pourvut en revision de son procès; mais le pourvoi fut rejeté le 26, et l'exécution fixée pour le lendemain.

A 6 heures du matin, Charles de Harth fut conduit dans une des cours intérieures de l'École militaire, où un peloton du 42ᵉ de ligne l'attendait pour le passer par les armes.

« Harth, dit M. J. Claretie montra une fierté courageuse devant la mort, et refusa d'abord de se laisser attacher les mains et bander les yeux. Il n'y consentit que sur les instances du pasteur protestant qui l'accompagnait et le fit agenouiller. Après lecture du jugement, faite par le greffier, l'officier commandant le peloton donna le signal, et le condamné tomba. Il avait dix balles dans le corps. Au moment où allaient partir les coups de feu, il prononça lentement ces paroles : « Tirez... *Für Vaterland!* » (Pour la patrie!) Cet Allemand était un espion, mais c'était aussi, avant tout, un patriote, et il est mort en brave! »

Les gardes forestiers de Metz. — Le 17 août 1870, il s'agissait de porter de Verdun à Metz une dépêche du maréchal de Mac-Mahon au commandant de la place. Ce fut le garde forestier Braidy qui s'en chargea. Il part avec son camarade Tissabré. Ils sont arrêtés plusieurs fois par les patrouilles allemandes avant d'arriver au terme de leur mission. A Metz, on leur donne une dépêche pour Verdun. Braidy la cache entre le cuir et la semelle de ses souliers, et repart avec son compagnon. Ils tombent de nouveau dans un poste allemand. Interrogés, ils répondent qu'ils quittent Metz, parce que le siège de la ville les a empêchés de trouver de l'ouvrage. On les fait fouiller et on les emprisonne dans une ferme, où ils sont menacés plusieurs fois d'être fusillés. Les Prussiens les relâchèrent au bout de deux jours, et ils purent remettre au commandant de Verdun la dépêche qu'ils avaient su dérober aux ennemis, au péril de leur vie.

Ces deux braves furent félicités en ces termes au Conseil de guerre de Trianon : « *Vous êtes d'autant plus dignes d'éloges que vous ne paraissez pas croire que vous les ayez mérités.* Le Conseil *vous adresse ses félicitations.* »

Héroïque réponse d'un vieux paysan. — Le 26 août 1870, jour du combat de Noisseville, un officier de uhlans entre dans la maison d'un paysan, suivi de quelques soldats. Il est à la recherche de nos troupes, qui viennent de quitter le village.

Il s'adresse à un vieillard qui est assis devant sa porte :

— Lève-toi et réponds. Où sont passés les Français qui étaient ici il y a quelques minutes?

— Je ne sais pas !

— Ah ! tu ne sais pas, fit l'officier prussien avec un geste de menace, tu ne veux pas nous dire *où est l'ennemi?*

« *L'ennemi c'est vous* », riposte fièrement le paysan lorrain en regardant fixement le Prussien dans le blanc des yeux.

Il reçut un coup de lance qui le transperça. Il ne poussa pas une plainte, et mourant, sur son lit, il s'écriait triomphant : « C'est égal, je lui ai dit son fait à ce Prussien ».

Un courageux patriote. — Le 26 décembre 1870, une patrouille française explorant les bords de la Marne, trouvait dans une hutte un homme presque inanimé, tout ruisselant d'eau glacée. Il expira au bout de quelques instants. C'était un courageux citoyen, Victor Lanck, de Bry-sur-Marne. Voici en quels termes, concis autant qu'élogieux, le maire de Bry célèbre son héroïsme :

« L'homme retrouvé dans la nuit du 25 au 26 décembre avait, à plusieurs reprises, fourni d'utiles indications à l'autorité militaire française, et il avait déjà traversé plusieurs fois la Marne.

« Le 23 décembre, il avait passé de nouveau la rivière en bateau avec quatre autres citoyens dévoués comme lui ; mais, moins heureux cette fois, ils avaient été aperçus et poursuivis par les Prussiens. Deux ont été faits prisonniers. Les trois autres ont réussi à s'échapper.

« Le malheureux qui a trouvé la mort dans la nuit du 25 au 26 décembre était parvenu à s'évader à son tour et s'était jeté à la nage, espérant sans doute pouvoir gagner nos avant-postes ; mais le froid rigoureux qui sévissait cette nuit-là, — 12 degrés, a trahi son courage et ses forces ; il est venu tomber mourant sur un tas de copeaux, dans une maison abandonnée, et a expiré d'une congestion cérébrale et sans avoir recouvré la parole, peu après être arrivé dans notre poste avancé. »

Le colonel Riu à l'armée de la Loire. — L'armée allemande avait un « bureau de renseignements » parfaitement organisé, qui lui rendit de grands services.

Des officiers d'état-major, des colonels, des généraux même y figuraient, comme chargés de « reconnaissances spéciales ». Ils ne craignaient pas d'endosser les déguisements les plus variés pour venir « opérer » dans nos lignes.

Un de ces officiers vaut souvent plus qu'une division de cavalerie, car il pénètre dans les camps de l'adversaire et, s'il est habile, n'éveille pas son attention. Les Allemands savent apprécier les services qu'ils rendent, les dangers qu'ils affrontent et les récompenser comme ils le méritent.

En France, un faux point d'honneur avait toujours éloigné nos officiers de ce genre de fonctions. Aussi, quand le Gouvernement de la Défense nationale voulut être fixé sur la marche de l'envahisseur, dut-il créer, de toutes pièces, le service des renseignements. Il chargea de cette tâche deux ingénieurs, M. Cuvinot, aujourd'hui sénateur, et M. Sadi Carnot, devenu Président de la République. La direction de la partie active du service — reconnaissances dans les lignes ennemies — fut confiée au commandant du 29e de ligne.

C'était un soldat énergique, évadé de Metz, et qui avait fait les audacieux coups de main de Provenchères, où il fut blessé, et de Châtillon-sur-Seine, où un millier de Prussiens surpris la nuit, perdirent 150 hommes « enlevés » à la baïonnette, et laissèrent entre nos mains 170 prisonniers.

On lui adjoignit plusieurs de ses camarades, entre autres le capitaine du génie *Legrand*, mort dans la Seine en essayant d'apporter à Paris les dépêches de la Délégation de Tours, et le capitaine *Rolland*, du corps des zouaves.

Bravant les préjugés reçus, ces braves se mirent immédiatement à l'œuvre. Le patriotisme suppléa à leur inexpérience; du reste, leur chef leur donnait l'exemple. On le trouvait partout, audacieux, infatigable, bravant les intempéries d'une saison meurtrière, déroutant les recherches de l'ennemi, à qui sa présence avait été signalée; souvent méconnu et maltraité par les nôtres.

Les détails précis, que nous avons recueillis de

témoins encore vivants, font de son histoire une odyssée hérciïque, dont la place est tout indiquée ici.

I. — *A Ferrières-en-Gâtinais*, fort bourg à mi-chemin entre Château-Landon et Montargis, un dimanche de novembre 1870, les paysans arrêtent un malheureux accablé de fatigue, mourant de faim, qui ne peut que leur dire ces mots :

« Courez vite prévenir le général français qui commande à Montargis que demain il sera attaqué par les Bavarois qui sont à Château-Landon! Hâtez-vous! Il n'y a pas de temps à perdre! »

Le voyageur, exténué, offre de l'argent au messager qui voudra courir à Montargis. Mais il n'a que de l'argent allemand. Cela suffit à le faire prendre pour un espion ennemi : l'imagination des paysans affolés leur en faisait voir partout. On l'arrête, on le garrotte et on le conduit dans une auberge où les autorités du village viennent l'interroger. Il a beau dire qu'il est officier français, qu'il est de Montpellier; on ne le croit pas. Survient un ancien sapeur qui a servi au 2ᵉ régiment du génie à Montpellier, **en 1832**.

— Tiens voilà un espion que nous avons arrêté. Il dit qu'il est de Montpellier. Toi qui connais le pays, fais-le « causer ».

— Ou est l'auberge du Rosier? Parle patois! (*sic*).

Le malheureux qui n'était peut-être pas né à l'époque, transi de froid, comprenant combien est précieux le temps qu'on lui fait perdre, s'impatiente et rudoie vertement les affolés qui l'entourent. Ceux-ci le rouent de coups et finissent par le jeter, ligotté, au fond d'un tombereau, qu'on conduit à Montargis, à travers un épouvantable ouragan de neige.

II. — *A Montargis.* — *L'espion des Prussiens.*
— Là, le prisonnier a peine à être entendu par l'état-major, qui ne peut se faire à l'idée qu'un officier français aille ainsi, dépenaillé, sordide, courir au péril de sa vie les lignes ennemies. On le reconnaît d'autant moins qu'il n'a sur lui que des laissez-passer allemands, qui lui étaient nécessaires pour circuler plus facilement à travers le pays envahi. — Aux dénégations de notre état-major, il ne répond que ces paroles dont bientôt les événements devaient corroborer la véracité :

« Demain, vers 10 heures, vous serez attaqués par deux bataillons et une batterie. »

On se demande s'il ne divague pas, on le prend pour un fou, et on le fait conduire à la prison au milieu d'une foule ameutée par ce mot terrible : espion ! qui le frappe et le couvre de boue, lui lance des pierres et le mettrait en pièces, sans son escorte.

Il est tellement minable, que le receveur particulier de Montargis, M. Morizot, dont la famille est alliée à celle du colonel Riu et que celui-ci a fait demander, ne veut pas le reconnaître.

Le lendemain, à 10 heures, éclate un coup de canon. C'est la batterie bavaroise qui vient de se démasquer. Le général français, par une retraite habile, fit replier ses troupes en bon ordre; mais l'ennemi s'empara à la gare d'un précieux matériel qui aurait pu être sauvé, si l'on avait tenu compte des renseignements apportés par le prétendu espion.

Celui-ci fut abandonné dans la prison de la ville. A midi, les cavaliers bavarois entraient à Montargis, s'emparaient de la caisse du receveur des finances, et trouvaient le prisonnier dans la geôle. Ils le délivrent, lui donnent des vêtements neufs, de l'argent ; leurs officiers ont pour lui les plus délicates attentions.

Ils le prennent pour un de leurs espions !

Remis en état, le colonel Riu s'en va alors retrouver son parent M. Morizot, qui le reconnaît enfin et l'accueille par ces mots :

« Comment en êtes-vous arrivé à faire cet ignoble métier d'espion prussien ? Vous n'êtes pas honteux ? Plus de doute maintenant, puisque l'officier allemand qui vient de fouiller ma caisse a tant d'égards pour vous, et que vous êtes libre au milieu de leur armée ! »

On s'explique. Le colonel raconte à son parent la méprise des Français et celle, plus étonnante, de l'ennemi.

— Alors aidez-moi à sauver 97,000 francs que j'ai cachés dans un puisard.

— Volontiers !

Le lendemain le colonel Riu et M. Morizot filaient et arrivaient à Nevers, ayant échappé aux poursuites de l'ennemi et... sauvé la caisse.

III. *De Malesherbes à Sully.*—Après cette invraisemblable aventure, le brave colonel rentre dans les lignes allemandes, et nous le retrouvons, un soir de décembre, à la porte du château de Malesherbes.

« Je suis, dit-il au propriétaire, M. le comte d'Aboville, un officier français chargé d'une mission très importante. Il faut me faire arriver coûte que coûte à Orléans, qui va être attaqué par toute une armée allemande. »

Et il tombe de faiblesse. Après un court repos de deux heures, son courageux hôte le conduit à travers les lignes ennemies et le confie à M. Mignon, vétérinaire, aujourd'hui juge de paix à Malesherbes, qui le fait cheminer à travers le pays occupé, évitant avec peine les patrouilles prussiennes. Il le remet à un autre patriote et, à travers mille dangers, on atteint Sully-sur-Loire. On va toucher aux lignes françaises.

Là, nouveaux périls. Les paysans qui font des rondes saisissent le colonel Riu au moment où il avait obtenu, à grand'peine, de se reposer au château du comte de Béthune.

Les explications qu'il essaye de donner ne font que redoubler la colère de ces gens, patriotes avant tout, mais en proie à la terreur, et ne pouvant comprendre qu'un officier français fasse ce service, pour lequel ils ont une répulsion que nous n'avons pas encore pu surmonter.

On le fouille.

Il n'a que des papiers allemands, de l'argent allemand. Il a aussi un fort accent allemand, car il ne parle que cette langue depuis cinq semaines qu'il circule à travers les camps prussiens.

Plus de doute. — On l'enferme dans la chambre de sûreté de la gendarmerie, et il entend les paysans dire :

« C'est bon, en voilà un qui n'ira plus porter de nouvelles au roi de Prusse. Demain matin *on lui fera son affaire !* »

A force d'instances, le colonel français finit par décider les gendarmes qui le gardent à télégraphier à la Défense nationale, qui donna l'ordre de mettre le prisonnier en liberté. Il sortit de prison pour voir les paysans préparer le tas de fumier sur lequel, quelques minutes plus tard, son corps serait tombé sous des balles inconscientes.

Le colonel délivré prit rapidement le chemin d'Orléans où il arriva pour assister, le cœur navré, à la retraite de l'armée française dont il n'avait pu empêcher la surprise.

IV. *Mort du capitaine Rolland.* — A Bonneval, en avant de Chartres, le colonel Riu fut arrêté par les Prussiens, en même temps que son camarade et auxiliaire, le capitaine de zouaves Rolland.

Celui-ci fut reconnu, condamné à mort et exécuté sommairement au carrefour d'une route.

« Il fut *superbe* devant la mort », disent les gens de l'endroit.

Les ennemis laissèrent son corps exposé près d'un tas de fumier, et les enfants du village, dans leur innocente et naïve inconscience, s'en éloignaient avec horreur, en disant : « *C'est un espion !* »

La nuit venue, on l'enfouit au cimetière du village, dans la partie réservée aux suicidés. Quand, après la guerre, sa famille vint réclamer son corps, on retrouva avec difficulté les restes de ce martyr du devoir, qui était tombé pour son pays, sous un costume qui n'était pas le sien, sous un nom d'emprunt, n'ayant, le soldat intrépide, comme témoins de sa belle mort, que des ennemis, des gens apeurés, et un seul ami que l'intérêt suprême de la patrie empêchait de se faire connaître.

Le colonel Riu vit tomber son vaillant camarade sous les balles prussiennes. On l'amena, lui aussi, en bras de chemise, devant le peloton d'exécution, à l'endroit même où gisait, troué de balles, le cadavre pantelant de son compagnon d'armes.

On allait commander le feu.

Soudain le chef prussien se ravisa :

« — Si c'était un espion, il se troublerait davantage ! »

Et s'adressant au colonel :

« — Ton livret d'ouvrier dit que tu es peintre sur vitraux. Si c'est vrai, tu vas peindre. Nous verrons bien ! »

Le colonel Riu, qui est un courageux soldat doublé d'un délicat artiste, se mit à l'œuvre, au grand ébahissement de ses gardiens, qui finirent par le relâcher en lui jetant à la face cette inique, dédaigneuse et bien allemande injure :

« Si c'était un chef français, il ne saurait pas tout cela ! »

L'artiste avait sauvé l'officier qui, méprisant la mort à laquelle il venait d'échapper comme par miracle, allait rejoindre l'armée française; il en repartait bientôt pour continuer sa patriotique et si glorieuse mission dont l'ennemi lui-même sut apprécier l'importance.

V. *Sur la tour de Montlhéry. — Une courageuse Française.* — Nous extrayons, en effet, d'une gazette allemande de l'époque le passage suivant :

« Les Français nous accusent de placer le service des reconnaissances sur le premier plan et d'y employer nos grades élevés. Ils oublient donc leurs nombreux officiers qui ont payé de leur existence cet acte courageux entre tous.

« Qu'il nous soit permis de citer le fait de ce colonel français du nom de Riu, que nous avons cherché longtemps dans nos propres lignes, avec l'intention bien arrêtée de lui faire payer cher son audace.

« A Montlhéry, au « gros » de la traversée de l'armée du prince Frédéric-Charles, il nous a tous tenus « au bout de sa lunette » et voici comment il opérait :

« Placé sur cette tour élevée, il avait braqué une longue-vue sur les monuments de Paris. Il était accompagné d'une jeune femme et il expliquait à nos hommes ce qu'ils voyaient par le gros bout de sa lunette. Il savait rendre son récit intéressant par des commentaires appropriés.

« Et nous de prendre des notes, pendant que

la femme faisait une abondante recette, ayant l'air d'inscrire les sommes recueillies sur un carnet. Nous avons compris plus tard qu'elle faisait le relevé de nos forces. Cela dura six jours. L'état-major français eut ainsi la composition de l'armée allemande de la façon la plus exacte.

« Ce même colonel, que nous avons pris cependant deux fois sous des déguisements divers, nous avons fini par le reconnaître, le 28 décembre. Il vendait des fruits à nos postes les plus avancés, près de Paris.

« Il s'est évadé de la prison de Rocquencourt, grâce à la complicité du « bourgmestre », le sieur Auvray, qui, heureusement pour lui, a pu s'échapper avec l'officier français.

« Plus tard, nous retrouvons ce colonel à la tête des troupes dans la « province » (*sic*) de la Nièvre. Et disons, à la louange de cet officier, qu'il tira un grand parti des études qu'il avait faites en reconnaissant nos troupes. »

Depuis, le colonel Riu a été un des chefs de la légion étrangère, où il avait porté le sac de simple soldat, commandant militaire de la Chambre des députés, et est devenu général de brigade.

Ce courageux officier s'est-il jamais dit que ces faits trop peu connus appartiennent à l'histoire? Dût sa modestie en souffrir, notre devoir strict est de le donner en exemple aux bons soldats.

Nous devons aussi un respectueux et patriotique hommage à la vaillante Française qui n'hésita pas à accompagner son mari dans ses dangereuses missions, à affronter avec lui les plus grands périls, risquant de tomber devant les balles d'un peloton d'exécution, et donnant ainsi un sublime exemple de l'attachement familial, rehaussé par le sentiment le plus élevé du devoir et la plus stoïque abnégation. (A. B.)

TITRE XVII

DE LA DÉFENSE DES PLACES.

CHAPITRE IV.

CONDUITE DE LA DÉFENSE.

Devoirs généraux.

Art. 284. En règle générale, la défense d'une place assiégée est, aussi longtemps que possible, extérieure et active.

L'application de cette règle varie avec la force et l'étendue de la place, la disposition du terrain et des ouvrages, la composition de la garnison.

Le gouverneur règle le service des troupes et la consommation des approvisionnements de guerre et de bouche, de manière à pouvoir soutenir vigoureusement les attaques dans les moments décisifs, à conserver de solides réserves pour les assauts et les retours offensifs, et à prolonger jusqu'à la dernière limite la durée de la résistance.

Dans aucun cas il ne se met à la tête des troupes dans les sorties; il ne conduit jamais d'attaque lui-même, à moins que le salut de la place ne l'exige. Il ne doit s'exposer que dans les circonstances décisives, sa mort pouvant entraîner la chute de la place.

Le siège de Lille (1792). — Le 24 septembre, l'armée autrichienne, forte de 25,000 hommes environ, vint établir son camp sous les murs de la ville, et le 25 en commença le siège.

Le 26 septembre, elle installa de formidables batteries dans les faubourgs et y entassa des provisions de bombes, d'obus, de mitraille; on disposa des grils pour faire rougir les boulets; et quand tout fut prêt, avant d'ouvrir le feu, le commandant en chef envoya à la municipalité de Lille un parlementaire, porteur d'une sommation d'avoir à livrer la ville. La municipalité lilloise le reçut avec un dédaigneux sang-froid et le renvoya avec ces mots :

— Dites au général autrichien que les Lillois ont juré de s'ensevelir sous les ruines de leur cité et qu'ils n'ouvriront jamais ses portes !

Devant cette fière réponse, le duc de Saxe-Teschen n'hésita plus : le bombardement commença. Vingt-quatre pièces de canon, de gros calibre, chargées de boulets rouges, tiraient sans discontinuer; les incendies s'allumaient partout; tous les habitants valides étaient aux remparts, répondant par un feu nourri au feu de l'ennemi; dans la ville, les femmes, les vieillards, les enfants mêmes s'efforçaient d'arrêter les ravages du feu; des vases pleins d'eau étaient à toutes les portes; des hommes dévoués parcouraient toutes les rues pour signaler les maisons atteintes par les projectiles. Il y eut des traits de courage et de dévouement vraiment admirables.

Le commandant Ovigneur, chef des canonniers, était auprès d'une pièce qu'il pointait ; on accourt l'avertir que sa maison brûle ; il regarde du côté où elle se trouvait et la voit, en effet, entourée de flammes. « Ma place est ici, dit-il, laissons ma maison brûler et rendons à l'ennemi feu pour feu. »

Un grenadier des bataillons de volontaires, voyant son capitaine renversé, court à lui et lui tend la main ; à l'instant même une balle perce le poignet du grenadier : il présente l'autre main à son chef, elle est emportée par un boulet : sans proférer une plainte, il avance ce qui lui reste de bras et relève l'officier.

Le conseil de ville se tenait en permanence nuit et jour : un boulet tombe dans la salle des séances :

« — Qu'il y reste, s'écrie un des conseillers, il est en permanence aussi ! »

Un obus éclate auprès de la boutique du barbier Maës.

Celui-ci, en riant, ramasse un des éclats et en fait un plat à barbe, et, jusqu'à la fin du siège, il voit affluer chez lui les pratiques qui veulent avoir le menton savonné au-dessus de ce bassin d'un nouveau genre.

Le 3 octobre, les ravages causés par le fer et le feu étaient si terribles que les pompes de la ville ne suffisaient plus.

Celles de Béthune, d'Aire, de Saint-Omer et de Dunkerque arrivèrent, et peu après deux bataillons de volontaires et un bataillon de troupes régulières vinrent renforcer la garnison. Il y avait alors cent quarante-quatre heures que le bombardement et la canonnade duraient sans relâche. Six mille bombes et trente mille boulets étaient déjà tombés sur la ville, dont plus de la moitié était incendiée.

Le feu des Autrichiens commença alors à se ralentir, et, le 6 octobre, il cessa tout à fait. Fatigué enfin de la résistance des Lillois, inquiet des succès de Dumouriez en Champagne, et aussi de la concentration d'une armée française au camp de Lens, le duc de Saxe-Teschen se décida à se retirer.

Les héros du siège furent : le lieutenant général Duhoux, qui eut pendant cinq jours le commandement supérieur ; le général Ruault, maréchal de camp, commandant la place ; André, maire de la ville ; Rochart, secrétaire de la commune ; Lamarlière, Champmorin, maréchaux de camp ; Bryan, commandant la garde nationale ; Depierre, Varennes, Chemin, Tory, Blanchard, Long, Valhubert, Raingard, Bourdeville, Osten, lieutenants-colonels d'infanterie ; D'Anglas, Clarenthal, lieutenants-colonels d'infanterie ; Guiscard, lieutenant-colonel, commandant l'artillerie ; Garnier, lieutenant-colonel du génie ; Marescot, capitaine du génie ; Flayelle, Capron, Dumont, Moutiez, adjudants du génie.

L'héroïque défense de Lille excita l'enthousiasme de la France entière ; la Convention vota aux braves citoyens qui avaient si bien combattu pour la patrie et leurs foyers, une somme de deux millions comme secours provisoire, et une bannière d'honneur portant cette légende : *A la ville de Lille, la Nation reconnaissante!*

Junot (1793). — Au siège de Toulon, Bonaparte, alors commandant d'artillerie, faisait établir, sous le feu de l'ennemi, une des premières batteries du siège ; ayant un ordre à donner, il demanda autour de lui un sergent ou un caporal qui sût écrire. Un jeune homme sortit des rangs, et, sur l'épaulement même de la batterie, écrivit sous sa dictée. La lettre était à peine finie, qu'un boulet couvrit de terre le papier et l'écritoire : « Tant mieux, dit gaiement le jeune homme, je n'aurai pas besoin de sable ». La plaisanterie, le calme avec lequel elle fut faite fixèrent l'attention de Bonaparte. Ce sergent était Junot, qui devint ensuite un des plus célèbres lieutenants de l'empereur.

Nos grenadiers à Menin (1er *juin* 1794). — Moreau, qui avait contribué à la victoire de Moucron en contenant les Hanovriens, reparut le soir même devant les remparts de Menin, qui était vivement bombardé. Une sommation, faite au gouverneur Hammerstein, resta sans effet, ce qui irrita tellement les soldats qu'ils demandèrent à monter à l'assaut. Vandamme leur fit vainement remarquer la profondeur des fossés et la hauteur des murailles. Quelques compagnies de grenadiers insistaient. « Laissez-nous, disaient ces braves, laissez-nous commencer l'attaque ; nos cadavres serviront de fascines à nos camarades pour escalader les remparts. » Moreau refusa d'envoyer à une mort presque certaine ces généreux soldats. Menin ne tarda pas d'ailleurs à tomber entre nos mains. Le gouverneur sortit de la ville, dans la nuit du 30, culbuta le cordon d'investissement, lui tua et prit du monde, et se retira presque sans perte sur Bruges.

Le siège de Mayence. — Mayence fut investie le 5 avril 1793 par l'armée prussienne de Kalkreuth. Le roi de Prusse, en personne, prit le commandement en chef des opérations. La garnison française était commandée par d'intrépides officiers : Aubert-Dubayet, Kléber, Meusnier. Avec eux, étaient deux énergiques représentants du peuple : Rewbell et Merlin de Thionville. Les assiégeants ne purent s'emparer que d'un seul poste avancé. Les assiégés firent de vigoureuses sorties, et souvent culbutèrent les ouvrages des Prussiens. La garnison dut céder à la famine, après avoir vaillamment résisté aux attaques de l'ennemi. Elle sortit de la ville, le 23 juillet, avec les honneurs de la guerre, emportant ses armes et ses drapeaux, sous la condition de ne pas servir d'un an contre la coalition. La Convention fit transporter en poste les *Mayençais* en Vendée, où ils firent preuve d'une indomptable intrépidité.

I. *La disette à Mayence.* — Des privations bien plus graves que le danger de leur situation jetaient le découragement parmi les défenseurs de Mayence. Les magasins des hôpitaux et des ambulances, les pharmacies particulières étaient vides. Il n'y avait plus ni drogues, ni approvisionnements en objets de pansement, et le nombre des blessés croissait chaque jour. Les moulins étaient détruits, et le grain sur le point d'être entièrement consommé. La garnison n'avait plus de viande et ressentait de plus en plus chaque jour les horreurs de la famine. La chair de cheval, celle des chiens, des chats et des souris était la seule qu'on pût se procurer, et encore avec difficulté. Cette ressource devait d'ailleurs bientôt manquer. Les habitants étaient réduits aux mêmes extrémités que la garnison. Aubert-Dubayet, offrit un jour à plusieurs officiers supérieurs de ses amis un dîner dont le plat principal était un chat entouré d'un cordon de souris. Le prix de ces aliments était d'ailleurs exorbitant. La chair de cheval se vendait 2 francs la livre ; le prix d'un chat mort était de 6 francs.

II. *Mort du général Meunier.* — Le 31 mai 1793, en revenant d'une attaque sur l'île Bley, le général Meunier laissa paraître quelques marques distinctives de son grade, et le bateau qui le portait fut aussitôt l'objet d'une décharge générale des batteries ennemies qui suivaient tous ses mouvements. Un biscaïen lui fracassa le genou. Les Prussiens, apprenant sa blessure, cessèrent aussitôt leur feu; le roi de Prusse fit offrir au général français tous les secours qui pouvaient lui manquer dans une place assiégée. Meunier subit l'amputation et mourut le 13 juin des suites de cette blessure. On raconte qu'en apprenant sa mort, le roi de Prusse s'écria : « Il m'a fait bien du mal, mais le monde perd un grand homme ». Meunier fut enterré, d'après sa demande, dans un des bastions du fort de Cassel. Une suspension d'armes de deux heures eut lieu, afin que la garnison pût lui rendre les honneurs funèbres; et, pour mieux témoigner l'estime qu'ils avaient pour lui, les Prussiens joignirent deux salves d'artillerie de quatorze coups de canon chacune aux salves des batteries françaises.

III. *Départ de la garnison de Mayence.* — « Des cavaliers prussiens ouvraient la marche, la garnison française suivait. Une colonne de Marseillais, petits, noirs, bariolés, déguenillés, s'avançait. Ensuite venaient les troupes régulières, sérieuses et mécontentes, mais nullement abattues ni humiliées. L'apparition la plus frappante fut celle des chasseurs à cheval. Ils s'étaient avancés jusqu'à nous dans un complet silence : tout à coup leur musique fit entendre la *Marseillaise*.

« Ce *Te Deum* révolutionnaire a quelque chose de triste et de menaçant, même lorsqu'il est vivement exécuté. L'effet fut saisissant et terrible, et le coup d'œil imposant quand les cavaliers, qui étaient tous de grande taille, maigres et d'un certain âge, et dont la mine s'accordait avec ces accents, passèrent devant nous. Une troupe particulière attira l'attention : c'était celle des commissaires. Merlin de Thionville, en habit de hussard, remarquable par sa longue barbe et son regard sauvage, avait auprès de lui un personnage habillé comme lui. Le peuple voulut se jeter sur lui ; Merlin s'arrêta, fit valoir sa dignité de représentant du peuple français, la vengeance qui suivrait toute insulte. Il conseilla la modération, « car ce n'est pas la dernière fois, dit-il, que vous me voyez ici ». La foule demeura interdite, pas un ne bougea.

(Gœthe. — *Siège de Mayence*.)

Héroïsme de Beaurepaire (*Siège de Verdun*. 1792. — Un sentiment de patriotisme fit vibrer la France dans ce qu'elle eut de plus profond quand un cercueil la traversa rapporté de la frontière, celui de l'immortel Beaurepaire, qui, non pas par des paroles, mais d'un acte, et d'un seul coup, lui dit ce qu'elle devait faire, en présence de l'invasion.

Beaurepaire, ancien officier des carabiniers, avait formé, commandé depuis 89, l'intrépide bataillon des volontaires de Maine-et-Loire.

Au moment de l'invasion, ces braves eurent peur de n'arriver pas assez vite. Ils ne s'amusèrent pas en route, traversèrent toute la France au pas de charge, et se jetèrent dans Verdun. Ils avaient un pressentiment qu'au milieu des trahisons dont ils étaient environnés, ils devaient périr. Ils chargèrent un député patriote de faire leurs adieux à leurs familles, de les consoler et de dire *qu'ils étaient morts.*

Beaurepaire *venait de se marier.* Il quittait sa jeune femme et il n'en fut pas moins ferme. Le commandant de Verdun assemblant un conseil de guerre pour être autorisé à rendre la place, Beaurepaire résiste à tous les arguments de la lâcheté. Voyant qu'il ne gagnait rien : « Messieurs, dit-il, j'ai juré de ne me rendre que mort... Survivez à votre honte!... je suis fidèle à mon serment; voici mon dernier mot : je meurs!... »

Il se fit sauter la cervelle.

La France se reconnut, frémit d'admiration. Elle se mit les mains sur le cœur et y sentit monter la foi.

La patrie ne flotta plus aux regards incertains et vagues; on la vit réelle, vivante.

(*Michelet.*)

Le grenadier de Verdun. — Pendant que les Prussiens prenaient possession de Verdun, quelque trouble se produisit dans la ville, et le comte Henkel de Donnersmark, officier au régiment des hussards de Kelher, fut tué d'un coup de feu tiré par une fenêtre. On chercha, on saisit le coupable, un grenadier français qui n'essaya point de nier son action vindicative. Il fut conduit au poste principal : c'était un beau jeune homme, bien fait, à l'œil assuré, à la contenance paisible et ferme. En attendant qu'on réglât son sort, on le gardait négligemment. Tout près de là se trouvait un pont, sous lequel passait un bras de la

Meuse; le grenadier monta sur le parapet, demeura quelques secondes immobile, puis s'élança dans les flots, d'où on ne put tirer qu'un cadavre.

Mort à son poste. — Le 2 septembre 1795, le brave Carouge, lieutenant de vaisseau, commandait la corvette l'*Assemblée Nationale*. A la suite d'un combat, voyant son navire s'engloutir et pressé par son équipage de se sauver dans la chaloupe, il répondit : « Non, mes amis, mon devoir et l'honneur me forcent à ne sortir que le dernier ; je suis à mon poste. » Le vaisseau s'engloutit avec lui après cette dernière parole.

Plutôt la mort que la captivité. — Le 19 août 1798, Jean Faber, de Nantes, capitaine de vaisseau, en vue de Guernesey, après un combat de seize heures, coule six vaisseaux anglais. Resté seul vivant avec son fils de tout l'équipage, et cerné de toutes parts par les vaisseaux ennemis, il lui donne l'ordre de mettre le feu à la sainte-barbe, en criant aux ennemis : « Vous n'aurez ni le vaisseau ni le capitaine. Vive la République ! » A ces mots le vaisseau sauta.

Le sergent Triaire. — Triaire faisait, en 1799, partie de la garnison du fort d'El-Arish, sur les frontières d'Égypte et du désert de Syrie. Le 30 décembre, un colonel anglais au service de la Turquie, somme le chef de bataillon Cozals, commandant du fort, de se rendre. Quelques traîtres jettent aux Turcs des cordes qui leur permettent de se hisser dans le fort, dont ils massacrent les défenseurs. Triaire, sergent d'artillerie, prévient ses camarades qu'il va faire sauter le fort, les engage à se retirer et court s'enfermer dans une tour où étaient les poudres. Un instant après, une épouvantable explosion bouleversait le fort, et 3,000 Turcs étaient ensevelis sous ses ruines.

La ville du Vigan, patrie du sergent Triaire, vient d'ériger une statue à ce héros.

Héroïsme d'un « marsouin. » (*Souvenir de Bazeilles.*) — Nous avions été désarmés et nous quittions la maison du combat, lorsqu'un coup de feu parti du premier étage vint frapper mortellement un officier prussien.

C'était *notre dernière cartouche qui partait.* Elle avait été tirée par un Alsacien, le soldat Tapfkeit, de la 13e compagnie, qui, dissimulé derrière un meuble, envoyait ainsi à l'ennemi son dernier souvenir.

Deux Bavarois s'élancèrent aussitôt pour assommer le récalcitrant.

Celui-ci laissa venir, et, sur le point d'être rejoint, saisit un revolver d'officier resté là, tira deux balles à bout portant sur ses deux adversaires, qu'il étendit raides. Puis retournant l'arme contre lui, il cria :

A bas les Prussiens !... Vivent les Marsouins !... Vive la France !

Et se fit sauter la cervelle.

Honneur à ce héros obscur !

Le garde d'artillerie Hanriot à Laon. — Le 9 septembre 1870, à midi, les troupes prussiennes, ayant à leur tête le duc de Mecklembourg, pénètrent à Laon au son de la musique, et se rendent à la citadelle, où elles font leur entrée.

Aux termes de la capitulation, les mobiles, laissés libres sur la parole qu'ils avaient donnée de ne plus servir contre l'Allemagne pendant la durée de la guerre, défilaient et sortaient de la citadelle après avoir déposé leurs armes. Le duc de Mecklembourg et le général Thérémin causaient près de la table, où ils allaient signer la capitulation. Tout à coup, une effroyable détonation se fit entendre. C'est la poudrière contenant 26,000 kilogrammes de poudre qui venait de sauter.

L'explosion renverse tout, anéantissant le magasin à poudre, éventrant la caserne, ruinant tout un quartier de la ville et une partie du faubourg de Vaux, portant la mort et les blessures au milieu des Français et des Prussiens.

Le duc de Mecklembourg reçoit des contusions à la jambe, le général Thérémin deux graves blessures à la tête. Dix officiers de mobiles sont tués sur place, et neuf blessés plus ou moins sérieusement, l'un d'eux mortellement. Plus de deux cents sont écrasés sous les décombres, où ils périssent; cent cinquante de leurs camarades sont atteints par les pierres. Dans la rue du Cloître, plusieurs personnes sont frappées et blessées dans leurs maisons, et une femme est écrasée à Vaux.

Du côté des Prussiens, un capitaine d'artillerie et trente-deux sous-officiers périrent là, tandis que huit officiers et soixante-trois sous-officiers et soldats étaient blessés.

En résumé, on évalue à quatre cent soixante environ le nombre des victimes ; trois cent soixante parmi les Français et quatre-vingt-dix à cent parmi les ennemis.

L'auteur de l'explosion était un garde d'artillerie nommé Hanriot, qui n'avait pu se résigner à voir la citadelle aux mains de l'ennemi, et qui paya de sa vie cet acte de patriotisme.

Les marins au fort de Montrouge. — Pendant le siège de Paris, le commandement du fort de Montrouge fut donné au capitaine de frégate de Larret-Lamalignie.

Ce vaillant officier reçut l'ordre de quitter le fort et de le remettre aux Prussiens, au moment de la capitulation.

Il ne put se résigner à abandonner le fort. Il ne quitta pas son poste pour le rendre aux ennemis ; il préféra se faire sauter la cervelle.

Le vieux canonnier-marin *François Deldroux*, qui avait pris une part des plus actives à la défense du même fort, ne se résigna pas plus que son chef à accepter le fait accompli. Il préféra mourir que de laisser son canon aux vainqueurs.

Il reçut l'ordre de quitter le fort avec ses camarades.

— Mais, j'abandonne mon canon !
— Allez !

— Non, je ne le quitterai pas.
— Alors vous serez regardé comme déserteur.
— Eh bien, puisque c'est ainsi, j'aime mieux mourir que de voir mon canon aux mains des Prussiens.

Quelques instants après, une détonation retentit. Le vieux Deldroux avait préféré la mort à l'abandon de sa pièce.

Mort du capitaine Dubois au fort d'Issy. — Le capitaine d'artillerie de marine Albéric Dubois est né à Angers, dans une famille d'ouvriers. Il avait dû à sa précoce intelligence et à son ardeur pour l'étude de passer comme boursier des bancs de l'école mutuelle sur ceux du lycée; là, il s'était ouvert les portes de l'École polytechnique. A peine âgé de trente ans, il avait devant lui un avenir brillant, quand il s'est décidé à mourir de sa propre main.

Au moment de la reddition du fort d'Issy, le capitaine Dubois reçut l'ordre verbal de remettre aux Prussiens les pièces de sa batterie; il refusa d'obéir. Il résista de nouveau à un ordre écrit et formel. Ses chefs insistèrent encore et menacèrent même le fier officier de le rayer de la liste des propositions pour la Légion d'honneur, sur laquelle il était porté.

Dubois, cette fois, ne renouvela pas son refus ; mais il rentra chez lui, ouvrit sa fenêtre et, regardant l'horizon, il dit d'un air rêveur à un ami qui l'accompagnait :

« — Ils sont là-bas...

« — Qui donc ?
« — Eh bien !.. les Prussiens ! »

Puis il renvoya son ami ; — resté seul, il se brûla la cervelle. (*Élie Sorin.*)

Le commandant Dominé et le sergent Bobillot. — Le siège de Tuyen-Quan, au Tonkin, est un des glorieux épisodes de cette campagne qui, aujourd'hui même, ne semble pas complétement terminée, et où de braves enfants de la France accomplissent encore, à l'heure actuelle, des prodiges de valeur, ayant à lutter à la fois contre un climat meurtrier et la piraterie chinoise.

Le commandant Dominé, par son énergie, sa bravoure, sa ténacité inébranlable, a illustré son nom dans cette héroïque défense, qui dura du 14 décembre 1884 au 15 mars 1885.

A ses côtés, un modeste sergent du génie a su partager cette renommée de vaillance, et, si une balle ennemie l'a mortellement frappé sur la brèche, le sergent Bobillot a aujourd'hui sur une des places publiques de Paris une statue de bronze qui doit transmettre ses traits et son nom à la postérité.

Quel bel exemple pour les jeunes conscrits, quel encouragement pour ceux qui ont au cœur l'amour de la patrie, que cet hommage rendu à un modeste sous-officier tombé au champ d'honneur !

Pour la défense de la place de Tuyen-Quan, le génie militaire se trouvait réduit pour ainsi dire à sa plus simple expression, le sergent Bobillot et six hommes.

Avec ce faible effectif, ce jeune chef fit exécuter à 400 mètres en avant de la place, un ouvrage de fortification derrière lequel les défenseurs, à l'abri des coups, résistèrent longtemps. Pour protéger les soldats sur les remparts, il fit confectionner plus de 6,000 *gabions*.

Partout, dans l'intérieur de la place, il dirigea la construction des retranchements, afin de mettre la garnison à l'abri du bombardement, qui ne cessait pas. Tous les jours il exposait sa vie.

Les Chinois faisant des travaux d'approche, souterrains, Bobillot ne leur laissa pas un jour de répit et s'ingénia à déjouer leurs tentatives tendant à faire sauter le fort.

L'oreille attentive au moindre bruit, aussitôt que les coups sourds de la pioche annonçaient l'approche des travailleurs chinois, le sergent Bobillot n'hésitait pas à se porter à leur rencontre. Un jour il inonda une de leurs galeries, une autre fois sa pioche creva la paroi qui le séparait du travailleur ennemi, avec qui il dut lutter corps à corps. Toujours il découvrait les travaux des Chinois et conjurait le danger en donnant l'alarme.

Deux fois il fut projeté en l'air avec des pans de mur que faisaient sauter les mines ennemies.

C'est en faisant une ronde pour surveiller les travaux de ses hommes qu'il fut frappé mortellement d'une balle qui lui cassa l'épine dorsale.

A son lit de mort il reçut la croix de la Légion d'honneur. Ce jeune héros n'avait que 24 ans.

Responsabilité du commandement.

Art. 288. L'officier qui commande une place de guerre ou un fort isolé ne doit jamais perdre de vue qu'il défend un des boulevards de la patrie, l'un des points d'appui de ses armées, et que de sa reddition avancée ou retardée d'un seul jour peut dépendre le salut du pays.

Il doit rester sourd aux bruits répandus par la malveillance et aux nouvelles que l'ennemi lui ferait parvenir, résister à toutes les insinuations, et ne laisser ébranler par les événements ni son courage, ni celui de la garnison qu'il commande. Il se conforme aux instructions qu'il a reçues, notamment en ce qui concerne la destruction du matériel de guerre.

Il ne doit pas oublier que les lois militaires condamnent à la peine de mort, avec dégradation militaire, tout commandant d'une place de guerre reconnu coupable d'avoir rendu sa place à l'ennemi, avant d'avoir épuisé tous les moyens de défense dont il disposait, et sans avoir fait tout ce que prescrivaient le devoir et l'honneur.

Les mêmes devoirs et les mêmes responsabilités incombent aux commandants des forts détachés, sous la réserve de la subordination absolue au gouverneur de la place dont ils dépendent.

Lorsque le gouverneur d'une place ou le commandant d'un fort est arrivé au terme de la résistance, il détruit les drapeaux.

S'il est obligé de se rendre, il ne doit jamais comprendre dans une convention avec l'ennemi les forts détachés ou autres ouvrages fermés qui seraient encore susceptibles de prolonger leur résistance.

Lors de la reddition, il ne sépare jamais son sort de celui de ses officiers et de ses troupes. Il s'occupe surtout du soin d'améliorer les conditions faites aux soldats, et de stipuler pour les blessés et les malades toutes les clauses d'exception et de faveur qu'il peut obtenir.

Tout officier qui a perdu la place ou le fort dont le commandement lui était confié est tenu de justifier sa conduite devant un conseil d'enquête spécial.

La défense d'Alésia. — Ayant ranimé le cœur de ses compatriotes, les hommes de l'Auvergne, et organisé une conjuration secrète de la Gaule presque entière, Vercingétorix fut proclamé chef suprême de la guerre.

César ayant mis la Province romaine en défense, franchit les montagnes en plein hiver, et descendit en Auvergne à travers six pieds de neige.

Vercingétorix comprit qu'il ne vaincrait pas les Romains en bataille rangée; il entreprit de les vaincre par la famine.

Il fut convenu avec les chefs gaulois qu'on brûlerait toutes les villes et villages, qu'on ferait le vide devant l'ennemi. Plus de vingt villes furent brûlées en un jour. Les Gaulois se replièrent et s'enfermèrent dans Gergovie, capitale de l'Auvergne.

Les Romains essayèrent de forcer la ville par escalade; mais Vercingétorix les culbuta jusque dans leur camp, et César fut obligé de lever le siège.

Après une bataille rangée où il avait eu le dessous, César reprit l'offensive et la vaillante cohorte gauloise dut se replier jusque dans l'enceinte d'Alésia.

Vercingétorix dut se séparer de sa cavalerie qu'il chargea d'aller quérir des secours, conservant avec lui environ 80,000 hommes et des vivres *pour un mois seulement.*

Les trente jours fixés par Vercingétorix étaient passés, le secours ne paraissait pas et la famine était dans la ville et dans l'armée.

Vercingétorix convoqua le conseil de guerre. Un des chefs proposa qu'on fît comme au temps des Cimbres et des Teutons, *qu'on se nourrît de chair humaine plutôt que de se rendre.* On préféra expulser de la ville tous les habitants hors d'état de porter les armes, afin de réserver le peu qui restait de vivres pour les combattants.

Mais César refusa de laisser passer ces malheureux, et ils restèrent mourant de faim entre les deux armées.

Le secours parut enfin : il y avait deux cent quarante mille fantassins et huit mille cavaliers. C'était tout ce qui restait de troupes à la Gaule après tant de pertes qu'elle avait faites.

Il y eut trois jours de batailles sanglantes, où les assiégeants étaient devenus les assiégés, et où Vercingétorix d'un côté et de l'autre l'armée de secours donnèrent assaut sur assaut à la double enceinte que César avait établie autour de son camp.

Finalement l'armée de secours fut repoussée et Vercingétorix dut rentrer dans la ville.

Tout était perdu et le chef gaulois, malgré l'héroïsme de ses efforts, n'avait pu sauver l'indépendance de sa patrie.

Le conseil fut aussitôt convoqué. Aussi grand dans le malheur qu'il l'avait été dans la prospérité, après avoir exposé la vanité de toute espérance ultérieure, et le besoin de céder à la nécessité, il s'offrit généreusement pour le salut d'un peuple dont il avait voulu garantir la liberté, et se proposa lui-même pour être livré au vainqueur. Les chefs, en effet, les armes et des otages, telles furent les conditions auxquelles César reçut les assiégés à composition.

Le lendemain, comme César était assis sur un tribunal, au milieu de son armée, voici qu'un cavalier de grande taille et de haute mine, couvert d'une armure magnifique, arriva tout à coup au galop droit à lui. C'était Vercingétorix. Il fit tourner son cheval en cercle autour du tribunal du général romain, sauta à terre, jeta ses armes aux pieds du vainqueur et sans dire un mot se rendit prisonnier.

Le vainqueur accorda la vie à vingt mille guerriers arvernes et éduens pour prix du sacrifice de Vercingétorix, puis il fit charger de fers le vaillant chef gaulois et il l'envoya prisonnier à Rome. Après l'avoir, au bout de six années de réclusion, traîné derrière son char de triomphe, il livra Vercingétorix au bourreau.

Ainsi finit ce héros, le premier patriote gaulois.

Le siège de Calais (*Eustache de Saint-Pierre,* 3 *août* 1347). — Après la victoire de Crécy, Édouard III alla mettre le siège devant Calais. La ville fut bravement défendue par le gouverneur Jean de Vienne. Cependant, après un an de siège, lorsque les Calaisiens eurent perdu tout espoir d'être secourus, ils songèrent à traiter avec l'ennemi. La ville de Calais offrant de se rendre, le roi d'Angleterre, irrité d'avoir été si longtemps tenu en échec, parlait de passer tous les habitants au fil de l'épée. Cependant, à la réflexion, il se radoucit. Il se contenta d'exiger que six bourgeois vinssent pieds nus, en chemise et la corde au cou, lui porter dans son camp les clefs de la ville, promettant qu'au prix de ces six victimes il épargnerait le reste des habitants.

Lorsque le gouverneur eut fait connaître aux Calaisiens assemblés la proposition du roi, il se fit un silence profond : tous les yeux cherchaient les six victimes qui devaient racheter de leur sang la vie du reste des citoyens. Enfin un homme se lève, c'est Eustache de Saint-Pierre : « Seigneurs, dit-il, je veux être le premier à me mettre à la merci du roi d'Angleterre. » Et au même instant cinq autres bourgeois, entraînés par son exemple, déclaren qu'ils « lui feront compagnie. »

Les six bourgeois furent conduits à Édouard à travers le camp ennemi. La reine d'Angleterre, saisie de pitié à leur vue, se jeta aux genoux de son époux courroucé et obtint leur grâce. Tous les Calaisiens eurent ainsi la vie sauve.

Les héroïques compagnons d'Eustache de Saint-Pierre méritent que leurs noms soient transmis à la postérité. Ce furent Jean d'Aire, Jacques de Wissant, Pierre de Wissant; d'après un manuscrit retrouvé à Rome, les deux autres héros calaisiens seraient Jean de Vienne et Andrieux d'Andres.

Défense de Metz par le duc de Guise (1552). — Charles-Quint, contraint de renoncer à dominer l'Allemagne, essaya de reprendre les trois évêchés lorrains de Metz, Toul et Verdun.

Il forma une grande armée, en réunissant à ses

vieilles troupes et à ses milices espagnoles des Pays-Bas, des bandes nombreuses de mercenaires allemands. Il avait passé le Rhin à Strasbourg dès le 13 septembre et s'était porté sur la Sarre; mais il lui fallut du temps pour mettre ses forces au complet et il ne fut en mesure de commencer le siège de Metz que le 19 octobre.

Sous le commandement de François de Guise, les Français avaient su employer ce délai en élevant à la hâte d'immenses travaux de fortification. Ainsi, avant l'occupation de la ville par nos troupes, la place n'avait pour défense que ses vieilles murailles du moyen âge, et les deux rivières, la Moselle et la Seille, qui protègent les trois quarts de son enceinte. Quand Charles-Quint arriva, il vit de tous côtés des boulevards en terre, des tranchées, des bastions, des batteries logées sur les voûtes des églises et sur de hautes plates-formes qu'on avait élevées pour répondre aux canons que l'ennemi pourrait placer sur les collines environnantes.

Le duc de Guise rasa quatre faubourgs, dont les bâtiments auraient pu favoriser les approches de l'ennemi.

Il fit un état de vivres et commanda aux habitants des pays circonvoisins de voiturer dans la ville blé, vin, avoine, bois, fourrages, d'y conduire leurs bestiaux, de détruire les moulins, maisons, et généralement tout ce qui pourrait être utile à l'ennemi.

Quand il eut rassemblé ses provisions, résolu de ne souffrir de consommateurs que le nombre proportionné à ses vivres, il expulsa le surplus de la population, avec douceur, toutefois, gardant seulement deux mille ouvriers d'élite qui pouvaient aider à la défense. Puis, afin d'épargner ses vivres, tout en incommodant les ennemis dans leur marche, il envoya aussi au loin sa cavalerie fourrager la campagne sur le chemin que l'empereur Charles-Quint devait tenir.

Le circuit des murailles fut partagé entre les principaux chefs, afin que les travaux, mieux surveillés, avançassent également ; mais, prévoyant, malgré les peines qu'ils s'y donnaient et quoiqu'ils travaillassent souvent comme de simples soldats, que les fortifications ne seraient point achevées à temps, Guise fit provision de mille gabions, de deux cents grosses poutres, d'un nombre considérable de pieux et de planches, de quatre mille sacs à laine, de deux mille muids propres à être remplis de sable, mantelets, barrières, palissades, cavaliers de bois pour former les embrasures et couvrir les arquebusiers, instruments propres à couper le bois et fouir la terre, douze cents flambeaux pour les travaux de nuit, et jusqu'à des feux d'artifice pour les signaux d'un côté de la place à l'autre. C'est avec ces préparatifs et une garnison de six mille hommes à pied et de quatre mille chevaux, que le duc de Guise attendit l'empereur Charles-Quint.

Les exploits de cette armée ne furent pas en proportion de ce que Charles-Quint s'était promis. La canonnade fut très vive, les mines firent de larges ouvertures ; mais on ne vit de la part des assiégeants aucun de ces actes d'audace qui préparent et amènent le succès, au lieu que les assiégés firent des sorties continuelles et portèrent souvent l'alarme dans le camp ennemi. L'empereur commanda un assaut et ne fut point obéi. La certitude de rencontrer derrière les ruines de nouvelles défenses et de nouveaux fossés pleins d'artifices, d'où ne ressortirait aucun de ceux qui oseraient y descendre, glaça les courages. Les mauvais temps survinrent : des pluies abondantes détrempèrent la terre. Les soldats marchaient dans une boue tenace et délayée; à peine trouvaient-ils un endroit sec pour se reposer. Des froids prématurés se firent sentir, on manquait de fourrages et de vivres. Ces fléaux réunis engendrèrent des maladies. Malgré son serment, l'empereur, honteux, fit lever le siège dans les premiers jours de janvier 1553. Les Français sortirent, battirent l'arrière-garde et enlevèrent une grande partie du parc de siège. Le camp impérial, plein de malades et de mourants étendus dans la boue glacée, était si piteux à voir que les Français en eurent compassion et secoururent tous ces pauvres abandonnés avec grande charité.

La *courtoisie* de Metz passa en proverbe et fit grand honneur à l'armée française.

Le duc François de Guise non-seulement recueillit charitablement les malades laissés dans le camp, les fit transporter et soigner dans les hôpitaux de la ville, mais, à mesure qu'ils guérissaient, il leur donnait de l'argent pour gagner leur pays.

Défense de Gênes par Masséna. — Le 18 avril 1800, un an après la brillante campagne de Zurich, Masséna, *l'enfant chéri de la victoire*, fut obligé de s'enfermer dans Gênes.

Il y fut bloqué par les Autrichiens du côté de la terre, et par une flotte anglaise du côté de la mer.

Il opposa aux ennemis la plus énergique résistance. A plusieurs reprises, secondé par Soult, il culbuta les lignes des assiégeants et bouleversa leurs retranchements.

Mais la place n'avait pas été ravitaillée.

La famine régna bientôt dans la ville et la garnison ne toucha plus pour ration journalière que trois ou quatre onces d'un pain répugnant fait avec des restes de farine. Nos soldats, pâles et décharnés, succombaient à la fatigue; on les voyait se traîner à leur poste, mais on ne les entendait pas se plaindre.

La gaieté française, malgré leur effroyable dénuement, ne perdait pas ses droits. Et, en parlant de l'indomptable ténacité de leur général : « *Ce bougre-là nous fera manger jusqu'à nos bottes,* » disaient-ils.

L'héroïque Masséna, quoique souffrant cruellement du triste état de son armée, ne songeait qu'à prolonger la résistance. Le 28 mai il tenta une sortie, mais les Autrichiens repoussèrent nos malheureux soldats, exténués et mourant de faim. La population génoise demandait du pain à grands cris et menaçait de se soulever contre les Français. Les rues étaient encombrées de morts et de mourants, et on vit des hommes, qui avaient cent fois bravé le feu de l'ennemi, se laisser aller au découragement, et se tuer pour échapper aux souffrances intolérables de la famine. Masséna restait indomptable ; aux propositions de capitulation que lui fit le général autrichien, il répondit par un refus.

Le bombardement de la ville par les Anglais augmenta encore l'horreur de la situation.

C'est alors que Masséna, à qui il ne restait plus que deux jours de vivres, prit la résolution de se frayer un passage les armes à la main, à travers les lignes des assiégeants.

Malheureusement, les soldats, affaiblis par les privations étaient incapables du moindre effort. Masséna fut obligé d'accueillir les propositions de l'ennemi. Il posa lui-même ses conditions :

« *L'armée évacuera Gênes avec armes et bagages, ou bien elle se fera jour demain à la baïonnette.* »

L'ennemi accéda aux conditions du général français.

« Monsieur, lui dit l'amiral anglais, votre défense est trop héroïque pour qu'on puisse vous rien refuser. »

Le lendemain, l'armée française, réduite à 8,000 hommes, sortait de la place emportant ses armes et ses drapeaux.

Barbanègre à Huningue (1815). — Lorsque l'archiduc Jean vint investir la place d'Huningue, avec 25,000 Autrichiens et 130 pièces de canon, la garnison de cette ville ne se composait que de 135 hommes sous les ordres du général Barbanègre.

Le bombardement commença le 14 août 1815 et bientôt la place ne fut plus qu'un monceau de ruines. Non seulement la petite garnison, mais les habitants se défendirent avec un patriotisme presque sans exemple. Le bombardement dura jusqu'au 25 août, la garnison refusant de se rendre.

Mais le 26, Barbanègre, n'ayant plus assez d'hommes pour résister encore, dut capituler après treize jours d'une résistance héroïque sous une pluie de fer. Le brave général obtint les honneurs de la guerre.

Lorsqu'il défila devant l'armée autrichienne, précédé de deux tambours et suivi de 50 hommes qui, seuls de la garnison, se tenaient encore debout, l'ennemi crut que ce n'était là que l'avant-garde des troupes.

Mais, presque aussitôt, les Autrichiens durent se rendre à l'évidence. Quand ils virent qu'ils n'avaient eu affaire qu'à cette poignée de braves, ce fut de leur part une explosion de vivats enthousiastes et l'archiduc Jean, avec une sincère effusion, embrassa le général Barbanègre.

La défense de Phalsbourg (1870).

— La place de Phalsbourg avait une garnison de 1500 hommes environ, dont 52 artilleurs et un bataillon de gardes mobiles de la Meurthe.

Les remparts étaient en bon état et armés de 65 bouches à feu. La place était bien approvisionnée en munitions d'artillerie et d'infanterie. Malheureusement les vivres n'étaient pas en quantité suffisante pour lui permettre une résistance de plus de quatre mois.

Investie le 10 août et sommée de se rendre, elle refusa. Bombardée le même jour, elle tint bon. L'ennemi fit à la garnison l'offre de sortir avec armes et bagages et de rejoindre l'armée française. Le commandant Taillant, soutenu par un conseil de défense énergique, rejeta ses propositions.

La place répondit victorieusement au feu de l'ennemi, la garnison fit des sorties heureuses; en vain les bombardements renouvelés détruisirent-ils le tiers de la ville, rien ne put ébranler le courage des défenseurs.

Mais les jours de résistance étaient comptés. Après quatre mois de défense, n'ayant plus de vivres pour la prolonger, le commandant Taillant, de l'avis du conseil, et ne s'inspirant que de l'intérêt du pays, détruisit son artillerie, ses munitions, ses fusils, tout enfin ce que l'ennemi pouvait utiliser dans la suite de la guerre ou présenter comme trophée ; puis l'œuvre de destruction complètement terminée, le commandant fit ouvrir les portes de la place et prévint l'ennemi qu'il se rendait à discrétion.

Une telle conduite est on ne peut plus honorable. L'ennemi, pour le reconnaître, et sans que rien lui eût été imposé par une capitulation. accorda aux officiers de conserver leur épée et leurs bagages, aux soldats leur sac, et les autorisa à choisir les villes où ils devaient se rendre comme prisonniers.

Le conseil chargé des enquêtes sur les capitulations des places fortes pendant la guerre de 1870, émit l'avis que le commandant Taillant et ses collaborateurs méritaient des éloges pour leur énergie et la judicieuse organisation avec laquelle ils avaient suppléé à l'insuffisance des services. Le lieutenant-colonel Taillant fut fait commandeur de la Légion d'honneur, et l'avis du conseil d'enquête fut mentionné dans les états de services des vaillants officiers qui composaient avec lui le conseil de défense de Phalsbourg. »

(*Rapport du conseil d'enquête sur les capitulations des places fortes.*)

COURAGEUSE RÉSISTANCE DE DEUX VILLES OUVERTES.

I. **Défense de Saint-Quentin.** — Nommé préfet de l'Aisne, le 4 septembre 1870, un éminent publiciste, Anatole de la Forge, avait transporté le siège de la préfecture à Saint-Quentin, quand les Allemands eurent occupé Laon.

Homme d'une bravoure éprouvée, d'un caractère chevaleresque, il résolut d'arrêter la marche de l'ennemi. On prépara la résistance, on fit sauter des ponts, on construisit des barricades.

Le 8 octobre, à 10 heures, par un temps pluvieux et froid, le tocsin sonna à grande volée, la générale battait. Les Prussiens étaient à 2 kilomètres de la ville. Favorisés par la brume, ils étaient arrivés, à travers bois, aux portes des faubourgs.

Les boutiques se ferment précipitamment, les hommes courent aux armes et se portent aux lieux de rassemblement. On entend déjà la fusillade ; c'est la première barricade du faubourg qui est attaquée.

Le préfet arrive, un revolver d'une main, une épée de l'autre ; il encourage les hommes : « Allons, mes enfants, au devoir ! » Les gardes nationaux se portent aux meurtrières de la barricade, et tirent sur les Allemands, qui avancent en bon ordre. Sous la fusillade, ils doivent se replier dans les petites rues transversales. Ils reviennent à la charge avec fureur. Pendant deux heures, on tire de part et d'autre. Quelqu'un parle de se rendre. Le préfet demande aux gardes nationaux qui l'entourent s'ils y consentent : « *Comment ça, répond l'un d'eux, voilà seulement qu'on commence à s'échauffer !...* »

Les Prussiens enlèvent leurs morts et leurs blessés et bientôt ils faisaient sonner la retraite et se retiraient après avoir mis le feu à un moulin.

Le lendemain, M. Anatole de la Forge, qui avait été blessé à la jambe, sur la barricade si bien défendue, adressait une proclamation à la ville et à ses défenseurs, où nous relevons les passages suivants :

« Jamais vieilles troupes n'ont montré au feu plus de sang-froid et de décision que les vaillants défenseurs de la ville dans la journée du 8 octobre.

« Cette date prendra place dans l'histoire de la cité, à côté de la glorieuse défense de 1557. La France, si douloureusement éprouvée, verra que les citoyens de la ville de Saint-Quentin, *ville ouverte*, n'ont pas dégénéré, et qu'ils reçoivent l'invasion prussienne comme leurs pères ont reçu l'invasion espagnole. »

Saint-Quentin, qui avait ainsi donné l'exemple aux places fortifiées, devait payer cher son courage.

Le 21 octobre, le colonel von Khalden, à la tête de troupes nombreuses, arrivait féroce et dur, réclamant la capitulation immédiate, menaçant de piller, de brûler, imposant, réquisitionnant, exigeant la remise de toutes les armes, sous peine de mort.

Résistance de Châteaudun. — La défense de Châteaudun figurera dans l'histoire comme une des plus belles pages de cette guerre terrible et néfaste de 1870. C'est l'exemple de ce que peuvent la vaillance et le patriotisme, même lorsque la résistance est inégale, quand les hommes ont à lutter un contre douze, et que le sort de la lutte ne saurait être douteux.

C'est la garde nationale de cette héroïque cité, sous le commandement de M. Testanières son capitaine, et les francs-tireurs de Paris, de Cannes et de Nantes sous les ordres du commandant Lipowski, en tout douze cents braves qui tiennent tête, de midi à dix heures du soir, à douze mille Allemands appuyés par de l'artillerie.

Malgré une grêle de balles et d'obus qui incendièrent les maisons, malgré les vingt-quatre pièces d'artillerie qui écrasaient de leur feu nourri les défenseurs qui n'avaient d'autres armes que leurs fusils, dix heures durant, cette phalange héroïque tint bon aux barricades et brûla jusqu'aux dernières cartouches pour l'honneur de la France et la défense acharnée du sol natal.

La résistance fut telle que les Allemands perdirent 30 officiers et près de 2,000 hommes.

« La nuit venue, refoulés de tous côtés, les défenseurs de Châteaudun se massent sur la place, et, noirs de poudre, exaltés par la lutte, superbes de patriotisme et d'ardeur, ils entonnent, sous le ciel rouge déjà des premiers incendies, les mâles couplets de la *Marseillaise*.

« Ce chant superbe, ce spectacle grandiose, avaient glacé d'une certaine terreur les assaillants, qui hésitent d'abord, puis envahissent la place, repoussant les défenseurs de Châteaudun dans les rues adjacentes, lorsque ceux-ci, pris d'une rage nouvelle, se précipitent sur cette place, et, à la baïonnette, forcent les Allemands à reculer dans la nuit. La place est à nous de nouveau, et les Allemands l'attaquent encore. On se bat dans l'ombre, on se bat corps à corps. On se tue comme on se poignarderait, on s'égorge, et le flot noir des Prussiens court à travers les rues. La torche à la main, ils envahissent déjà les maisons conquises, ils pillent, volent et brûlent. Les derniers défenseurs de Châteaudun, en se repliant, font, de tous côtés, sur la place où fourmillent les Prussiens, des décharges meurtrières ; puis, combattant toujours, ils s'éloignent tandis que les Allemands, voyant partout des ennemis, se fusillent entre eux par méprise, dans l'ombre, à travers ces rues couvertes de morts. » (J. Claretie.)

Les Allemands se montrèrent impitoyables à l'égard de cette ville ouverte qui avait osé leur résister. La fusillade et l'incendie firent leur œuvre à Châteaudun comme à Bazeilles.

« Un paralytique fut brûlé vif sur sa paillasse allumée par des soldats ivres. Un vieux soldat fut tué pour avoir dit à des Bavarois : « *Cela est sauvage!* » Des généraux firent incendier l'hôtel où ils avaient pris, en riant, leur repas, et bu à leur sanglante victoire. Ils se donnaient le spectacle de l'incendie et de la dévastation. Ces hégéliens contemplaient ce fait : 225 maisons qui brûlent ! Et ces logis étaient habités encore ! Dans une seule cave, dix êtres humains périrent étouffés. »

Le gouvernement de la Défense nationale décréta que la ville de Châteaudun avait bien mérité de la patrie.

DEUX CITÉS GLORIEUSES.

I. Le colonel Denfert à Belfort. — La défense de Belfort, par le colonel du génie Denfert-Rochereau, est une des plus belles pages de la guerre de 1870-71.

Cette héroïque cité, qui couvre la trouée des Vosges, fut investie le 10 novembre par le général de Trescow. A la sommation de rendre la place, le commandant fit l'admirable réponse suivante :

« J'ai lu, avec toute l'attention qu'elle mérite, la lettre que vous m'avez fait l'honneur de m'écrire avant de commencer les hostilités. En pesant dans ma conscience les raisons que vous me développez, je ne puis m'empêcher de trouver que la retraite de l'armée prussienne est le seul moyen que conseillent à la fois l'honneur et l'humanité, pour éviter à la population de Belfort les horreurs d'un siège.

« Nous savons tous quelle sanction vous donnerez à vos menaces, et nous nous attendons, général, à toutes les violences que vous jugerez nécessaires pour arriver à votre but ; mais nous connaissons aussi l'étendue de nos devoirs envers la France et envers la République, et nous sommes décidés à les remplir. »

Le 2 décembre, les Allemands établis sur le Salbert, commençaient le bombardement. Il fut effroyable et, dit un défenseur de la place, le capitaine Ed. Thiers, « le siège fut terminé après cent trois jours, dont soixante-treize d'un bombardement sans trêve, qui avait jeté sur la place plus de cinq cent mille projectiles, alors que Strasbourg, fameux par ses malheurs, n'en avait pas, sur une superficie dix fois aussi grande, reçu plus de cent cinquante à deux cent mille, c'est-à-dire les deux cinquièmes ».

Le maire, M. Méry, et le commandant de place se multiplièrent pour organiser la défense. Les Prussiens, qui firent tomber les défenses extérieures, tentèrent vainement de donner l'assaut au château.

A huit reprises consécutives les bataillons de la landwehr montèrent à l'assaut, à la charge ; à huit reprises ils furent repoussés. Un seul bataillon défendait les Perches. Devant lui, l'ennemi décimé battit en retraite, abandonnant ses blessés sur le champ de bataille.

Les Allemands gisaient, en monceaux, au pied des glacis. Aussi, donnaient-ils avec terreur un nom sinistre à cet endroit qui avait été leur tombeau : ils l'appelèrent le *Todtenfabrik* (fabrique de morts, le Trou de la Mort).

Un moment, les défenseurs de la place crurent l'heure de la délivrance venue : ils entendaient le canon de l'armée de Bourbaki à Héricourt !

Le 13 février 1871, le colonel Denfert recevait du Gouvernement français l'ordre de rendre la place, qui n'avait pas capitulé.

Le dernier coup de canon de la guerre fut tiré par le maréchal des logis Huygher.

Les deux extraits suivants donneront une idée des souffrances endurées par l'héroïque cité :

« A la fin de 1870, le nombre des morts atteignait, tant dans la population que dans la garnison, le chiffre moyen de 18 par jour.

« L'accès du cimetière était devenu très dangereux. Dès le commencement du bombardement, on avait décidé que les inhumations se feraient au pré Gaspard. Ce pré se trouve au pied du fort de la Justice.

« C'est là qu'un petit chariot amenait chaque soir les victimes de la journée.

« Les corps des riches et des officiers seuls étaient renfermés dans des cercueils.

« On enterrait les autres sans qu'ils fussent même enveloppés de linceuls, trop heureux s'ils n'étaient pas tout à fait nus ! C'était un spectacle affreux à voir. Pas de cérémonie, pas de convoi; la plupart du temps pas de parents, pas d'amis pour accompagner les morts à leur dernière demeure.

« La voiture des morts, recouverte d'une toile cirée et conduite par un seul homme, traversait rapidement le camp retranché pour aller verser son funèbre chargement dans un trou que des corvées militaires élargissaient chaque jour. On plantait une petite croix sur la tombe et tout était fini. » (Léon Belin.)

« Le 13 février 1871, la nouvelle de la suspension d'armes se répandit dans la ville. Elle fut portée de bouche en bouche et connue bientôt dans la plus humble cave.

« Aussi, dès l'aube du 14 février, tout le monde est dehors, chacun circule fiévreusement comme pour prendre une part de cet air pur dont on a manqué si longtemps. On veut en refaire une provision, si l'armistice ne doit durer qu'un jour.

« A huit heures, le soleil se lève splendide et magnifique, comme pour consoler tous ces malheureux qui ont été privés si longtemps de sa chaleur bienfaisante. Chaque cave rend à l'air de pauvres enfants pâles et souffreteux, des vieillards aux traits amaigris, aux yeux caves et aux membres trop faibles pour les soutenir.

« Mais le groupe le plus navrant était celui qui vivait sous l'hôtel de ville et l'église, où les plus malheureux étaient venus chercher un asile dès le commencement du bombardement.

« Les pauvres y étaient entassés les uns sur les autres au milieu de l'humidité et de la pourriture.

« Ils n'en sortaient jamais vaquant côte à côte à tous les travaux de la vie. Aussi la variole et le typhus faisaient-ils des ravages épouvantables dans ces foules en haillons. Les hôpitaux regorgeaient. Ils ne pouvaient plus recevoir les malades; les morts même étaient souvent oubliés, et leur nombre ne permettait pas de les enterrer régulièrement. L'enfant venait au jour près de celui qui le quittait, s'emparant aussitôt de son grabat moisi, comme d'une conquête de la vie sur la mort.

« On pense avec quelle joie tout ce pauvre peuple vit arriver la cessation du feu : c'était la fin de ses misères. Il courait de tous côtés, semblait trouver le jour plus beau qu'il ne l'avait jamais connu. On allait dans toutes les rues contempler les sinistres; chacun se consolait de sa ruine propre par la ruine des autres. Les plus heureux avaient encore un étage à peu près intact, d'autres une chambre, le plus grand nombre n'avait plus rien.

« Les rues étaient pleines de débris; on n'y pouvait passer qu'avec précautions. L'église était à moitié démolie, l'hôtel de ville brûlé, la prison décapitée, les faubourgs consumés, et la foule des curieux cherchait encore un spectacle plus terrible.

« Elle court en procession le demander au Château, point de mire de toutes les batteries. Là les murs sont renversés, les terres bouleversées. La cour n'est plus qu'un cloaque boueux où l'on enfonce, et d'où l'on ne peut sortir qu'en se heurtant contre une pierre de taille ou un obus Krupp qui n'a pas éclaté.

« Malgré tout, les pièces des casemates sont encore debout et menaçantes; seules elles lèvent la tête au milieu de cet écrasement général, comme pour accuser bien haut les soins minutieux que les artilleurs ont mis à leur conservation. Leurs abris à eux se sont écroulés sous les projectiles, peu importe. Ils ont avant tout préservé les pièces, et tous les soirs, montés dans les embrasures, sous le feu, ils ont travaillé quatre heures, six heures s'il le fallait, pour garer les blindages et relever les terres. Puis, au matin, l'ennemi pouvait croire qu'il n'avait rien fait la veille.

« Celles du haut vivaient également : les escaliers qui y conduisaient ayant été détruits pierre par pierre, on y montait avec des échelles, et on les approvisionnait par une poulie.

« On dit aussi que ce qui frappa les officiers prussiens à leur première visite au Château fut de trouver encore au milieu de ces ruines tant de pièces sur roues.

« Les Prussiens désiraient aussi contempler leur ouvrage. On les voyait en grand nombre aux Perches, dévorant des yeux cette ville qu'ils n'auront le droit d'occuper qu'après le départ du dernier soldat français. Quelques-uns même viennent jusque sous les murs du Château, pour fraterniser avec nos soldats; mais une consigne sévère les éloigne et leur fait rebrousser chemin. »

(*Denfert-Rochereau.*)

II. Le colonel Tessier à Bitche.—La petite ville de Bitche fut investie, aussitôt après la bataille de Frœschviller. Sa garnison comptait au plus 1500 hommes, provenant du 54e et du 86e de ligne et d'isolés de diverses armes. Il y avait parmi eux 350 artilleurs et environ 200 douaniers.

En septembre, la forteresse subit un bombardement de onze jours, et reçut plus de 20,000 obus. Les étages superposés de la citadelle rendaient la forteresse imprenable. Aussi, les Bavarois s'attaquèrent-ils aux maisons particulières. Le 21 septembre, lorsque le bombardement s'arrêta, il n'y en avait *plus que trois d'habitables*. Ce n'est que le 27 mars que le colonel Tessier reçut du Gouvernement français l'ordre de remettre la place à l'ennemi. Depuis 230 jours elle résistait :

Le commandant de Bitche emmena sa héroïque troupe, aux conditions suivantes :

« *La garnison de Bitche sortira immédiatement de cette place avec les honneurs de la guerre. Elle emportera avec elle ses armes, bagages, matériel, et les archives se rapportant à la forteresse même. La garnison sera transportée en chemin de fer à Lunéville, et, de cette ville, au delà des districts occupés par l'armée allemande.* »

Lorsqu'on sut la nouvelle de la capitulation, « chacun, dit un témoin, s'abordait dans les rues, les larmes aux yeux; l'aspect de la ville était navrant. Les femmes surtout se faisaient remarquer par l'excès de leur douleur patriotique; aussi, voulurent-elles donner à l'admirable garnison un souvenir de gratitude.

« Elles convinrent de broder un drapeau qui serait confié au commandant de la place, chargé de le remettre au chef de l'État, avec prière de le déposer au musée d'artillerie jusqu'au jour où il pourra être rapporté à Bitche par une armée française triomphante. En quelques jours, le drapeau fut terminé et apporté à la citadelle. »

Il portait cette simple inscription :

« *La ville de Bitche à ses défenseurs,* 5 *août* 1870, 12 *mars* 1871. »

Le 15 mars, un ordre du jour du colonel Tessier convoquait la garnison au camp retranché pour recevoir des délégués de Bitche le drapeau offert par les habitants.

A 1 heure, le maire, le digne M. Lamberton, suivi de la garde nationale et des mobilisés de la ville, en armes, remettait l'étendard au colonel Tessier, en lui adressant ces paroles, si pleines d'espérance :

« *Je vous offre ce drapeau, travail de nos en-*

fants. En vous serrant les mains au nom de toute la population, je ne vous dis pas adieu, mais au revoir ! »

Le colonel Tessier remercia les habitants, au nom des défenseurs qui s'en allaient. La scène fut poignante. Ces vaillants, qui n'avaient pas faibli devant les obus ennemis, pleuraient d'émotion. Ils défilèrent fièrement, aux cris de : « *Vive Bitche ! Vive la République !* »

Le drapeau de Bitche est, aujourd'hui, au musée d'artillerie, aux Invalides, attendant l'heure où il flottera de nouveau à la crête des Vosges, entouré, comme d'une auréole glorieuse, du scintillement des baïonnettes françaises !

FIN.

TABLE DES MATIÈRES

	Pages.
Aux soldats	1
Le soldat	3
Ce qu'il faut pour faire un bon soldat	4
L'esprit de corps	1
Trois soldats modèles : Fabert	5
Vauban	8
La Tour-d'Auvergne	10
Le Drapeau	13
Mort héroïque d'un porte-drapeau	14
Un drapeau contre un sac de cartouches	14
Le drapeau du 65e à Ratisbonne	15
L'enseigne de vaisseau Bisson	15
Le colonel Goze à Inkermann	16
Le colonel Drouhot à Magenta	17
Le drapeau du 96e de ligne	17
Le drapeau des grenadiers à Metz	18
Principes généraux de la subordination	20
Créqui	20
Subordination	21
Ni hésitation ni murmure	21
Soumission absolue	22
Discipline, abnégation	23
Fautes contre la discipline : Ivresse	25

Charles XII.................................. 25
Les soldats du maréchal de Richelieu...... 26
Le caporal Cambronne 26
Ordre du jour aux troupes de l'armée du Nord............................... 28

Sollicitude des chefs. — Affection des soldats................................ 30
Turenne et ses soldats 30
Éloge funèbre de Turenne................ 30
Catinat 32
Napoléon la veille d'Iéna................ 33

Télégraphie militaire 35
Le jardinier de Bougival................ 36
Juliette Dodu.......................... 37

Les femmes patriotes.................... 39
Les femmes héroïques.................. 39
Suzanne Didier........................ 39
Patriotique vengeance des femmes d'Alsace. 41
Laurentine Proust et son frère.......... 42
Madame Jarrethout...................... 42

Les enfants héroïques.................. 43
Le tambour Méril 43
Joseph Barra.......................... 43
Mort d'Agricol Viala.................. 44
Le tambour André au pont d'Arcole...... 46
Casabianca à Aboukir.................. 47

Les vieillards héroïques 48
Jolibois à Jemmapes.................. 48
M. Desmortiers........................ 49

Officiers en mission.................... 50
Dévouement de trois hussards 51
Le soldat Mauramble 51
Le préfet Valentin à Strasbourg........ 52

Le commandant Franchetti.................... 53
Mort en mission.......................... 54
Le lieutenant de vaisseau Latour à Fou-
   Tchéou................................. 55

Surveillance à exercer dans les cantonnements.................................. 57
Le maréchal Villars à l'armée de Flandre.. 57
Entrée des Français à Amsterdam......... 58
Fournisseurs punis....................... 59
Probité militaire : l'adjudant Trochet...... 60

Avant-garde et arrière-garde............ 62
Chevardin à Torfou..................... 63
Mort du général Bloss.................. 63
Jourdan à Fleurus...................... 64
Le chasseur Fortunas au siège de Dantzig.. 65
Un émule de Viala...................... 65
Henri Regnault à Buzenval.............. 65
Mort du colonel Achilli................ 66

Patrouilles............................ 68
Le chevalier d'Assas................... 69
Dévouement d'un chef de patrouille..... 69
Le capitaine de Nervau à La Chapelle... 70

Service de sûreté...................... 72
Surprise de Bitche en 1793............. 74
Surprise rachetée par une mort héroïque... 75
Détrie au Borrego...................... 75
La surprise de la Villa-Evrard.......... 76

Devoirs des sentinelles................ 78
Le colonel Chevert et le sergent Pascal.. 79
Grandeur d'âme d'un volontaire. — La faction achevée........................... 80
Un autre d'Assas....................... 80
Dévouement d'une sentinelle............ 80
Le factionnaire Mathieu................ 81

Conduite en cas d'attaque par l'ennemi. 82
   Bayard.................................... 82
   Le sergent Blandan 84
   Le 12ᵉ dragons à Forbach 85
   Energie d'un officier français 85

Reconnaissances........................ 87
   Le hussard Fritsch 88
   Le général Margueritte à Pont-à-Mousson .. 88
   Mort de Marceau........................ 89
   Indomptable fermeté.................... 92

Parlementaires........................ 94
   Le chevalier La Palice 95
   Réponse de Wimpfen................... 96
   Fières réponses à l'ennemi 96
   Meunier à Kœnigstein................... 98
   Bonaparte à Lonato..................... 98
   Daumesnil à Vincennes................. 99
   Le capitaine Dutertre à Sidi-Brahim 99

Instruction sur les combats............ 101
   Kellermann à Valmy................... 102
   Sang-froid au feu. — Hoche à Wœrth..... 103
   Caulaincourt à La Moskowa............. 104
   La charge des 8ᵉ et 9ᵉ cuirassiers à Reichs-
      hoffen 104
   La charge de Sedan. — Mort du général Mar-
      gueritte............................ 107
   Intrépidité sous le feu................... 109
   Skobeleff à Plewna..................... 110
   Combat de Nakon, au Dahomey.......... 111

Dévouement des hommes à leurs chefs pendant le combat 112
   Le trompette Moreau................... 112
   Bertèche à Jemmapes 112
   Le caporal Marcher.................... 113

Dévouement d'un sous-officier de dragons..	113
Mort pour son colonel...................	114
Dévouement d'un soldat russe	116
Le chasseur Graillot à Bac-Lé............	117

Combat défensif...................... 118
- Mort de Dugommier 118
- Le vaisseau *le Vengeur* 119
- Les marins de *la Montagne* 120
- Les voltigeurs du 9e de ligne 121
- Le dernier carré de Waterloo............ 122
- L'infanterie de marine à Bazeilles.—Les dernières cartouches..................... 124
- Les zouaves de l'Ouest à Patay.......... 127

Devoirs des officiers et sous-officiers pendant le combat................. 129
- Un héros suisse....................... 129
- Un général énergique 130
- Energie de Souvarow................... 131
- Dagobert à Truillas................... 131
- Abnégation sous le feu 132
- Mort du général Dubois 132
- Le colonel Demange à Beaumont........ 132
- Baroche au Bourget................... 133
- Le commandant Saillard à Epinay....... 134
- Nos officiers de zouaves................ 135
- Le général Renault à Champigny........ 136

Energie des blessés.................. 137
- Fabert............................... 137
- Saint-Hilaire à Salzbach.............. 137
- Un héros de 17 ans 138
- Un brave sergent..................... 138
- Energie d'un grenadier................. 138
- Le général Beaupuy 138
- Blessure payée 139
- Un blessé intrépide ,.................. 139

Un brave du 23ᵉ de ligne	140
Le vaillant turco	140
Ténacité des Russes	140
Le soldat Briavoine au Tonkin	142
Le laptot Baccary à Tohoué	142
Le clairon Daudart	142
Le sergent Clérin	143
Humanité envers les vaincus	**137**
Au combat d'Arlon	144
Proclamation de Carnot et de Duquesnoy aux troupes de l'armée du Nord	144
Le grenadier Bitry	145
Mort de Bonchamp	146
Les Français en Biscaye	147
Les deux blessés	147
Le général Changarnier à Noisseville	148
Les Turcs à Plevna	149
Bazeilles	**150**
Un maître d'école martyr : Louis POULETTE	**153**
Service de santé	**155**
Le chirurgien Desgenettes en Egypte	155
Le chirurgien Larrey	156
A Sarrebrück	158
Dévouement d'un médecin russe	159
Violation de la Convention de Genève	**160**
Des convois	**162**
Le général Robert au col de la Cluse	163
Mort affreuse d'un patriote français	164
Enlèvement d'un convoi prussien : affaire de Frétoy	164
Mort du commandant Bonnaud	170
Défense des communications de l'armée	**171**
Le sergent-major Juban	171

TABLE DES MATIÈRES. 255

Energie de Duclavé	172
Les communications de l'armée sauvées.	172
Les pontonniers du général Eblé à la Bérésina	172
Les communications de l'ennemi coupées.	174
Les chasseurs des Vosges à Fontenoy-sur-Moselle	174
Des partisans	181
Le Grand Ferré	181
Le sergent Lafleur	183
Un défenseur de Metz : Hitter	183
Un défenseur de Strasbourg : le père Picot	184
Un défenseur de Paris : le sergent Hoff	185
Le coup de main de Joinville	186
Guides et espions	188
Le général Vincent	189
Patriotique réponse	189
L'espion Harth	190
Les gardes forestiers de Metz	192
Héroïque réponse d'un vieux paysan	192
Un courageux patriote	193
Le colonel Riu à l'armée de la Loire	194
Défense des places	205
Le siège de Lille	206
Junot	209
Nos grenadiers à Menin	209
Le siège de Mayence	210
Héroïsme de Beaurepaire	213
Le grenadier de Verdun	214
Mort à son poste	215
Plutôt la mort que la captivité	215
Le sergent Triaire	215
Héroïsme d'un « marsouin »	216

Le garde d'artillerie Hanriot à Laon 217
Les marins au fort de Montrouge 218
Mort du capitaine Dubois au fort d'Issy.... 219
Le commandant Dominé et le sergent Bobillot................................ 220

Responsabilité du commandement...... 222
La défense d'Alésia.................... 223
Le siège de Calais..................... 226
Défense de Metz par le duc de Guise....... 227
Défense de Gênes par Masséna 231
Barbanègre à Huningue.................. 232
La défense de Phalsbourg............... 233

Courageuse résistance de deux villes ouvertes................................ 235
Défense de Saint-Quentin................ 235
Résistance de Chateaudun............... 237

Deux cités glorieuses.................. 239
Le colonel Denfert à Belfort............. 239
Le colonel Tessier à Bitche.............. 245

LIBRAIRIE MILITAIRE DE L. BAUDOIN
Rue et Passage Dauphine, 30, à Paris

EXTRAIT DU CATALOGUE

Le patriotisme en action. Histoire abrégée des gloires militaires de la France, depuis son origine jusqu'à nos jours; par E.-A. **Tarnier.** Paris, 1881, 2 vol. in-12.................................. 7 fr.

La force morale de notre armée. Paris, 1890, broch. in-18.............................. 75 c.

Étude morale sur l'initiative; par un **Officier supérieur.** Paris, 1891, broch. in-8......... 75 c.

De la situation de l'officier dans la pratique courante de la vie militaire et sociale; par **S. V.,** lieutenant d'infanterie. (Extrait du *Journal des sciences militaires.*) Paris, 1890, broch. in-8. . 50 c.

Loisirs d'un soldat. Armée, discipline, vertus guerrières; par **Le Flem.** Paris, 1863, 1 vol. in-12.... 3 fr. 50

L'École du bon sens; par **H. de Ponchalon,** colonel du 126e régiment d'infanterie. (Extrait du *Journal des sciences militaires.*) Paris, 1886, broch. in-8. 75 c.

Des vertus militaires et du mérite de la carrière des armes en temps de paix (le feu sacré, l'abnégation, le désintéressement, le courage, la fidélité, le dévouement, la modestie, la patience, la persévérance, la soumission, l'audace, la générosité, la grandeur d'âme, etc.); par M. le comte Max **Caccia,** capitaine au 9e régiment de hussards. Paris, 1846, 1 vol. in-8.. 4 fr.

Coup d'œil sur les devoirs et l'esprit militaires; par A.-L. **Blondel,** capitaine d'état-major. Imprimé en décembre 1835, revisé par l'auteur, général de brigade (réserve), en 1875, 2e tirage. Paris, 1877, broch. in-18.. 75 c.

Instruction du maréchal de Belle-Isle sur les devoirs du chef militaire; par M. A. F. Paris, 1869, broch. in-8...................... 50 c.

Conseils à un jeune officier sortant de Saint-Cyr; par M. le général **Hanrion**, 7ᵉ édit., Paris, 1888, broch. in-18...................... 75 c.

Conseils aux sous-officiers et aux élèves-officiers de l'École de Saint-Maixent; par **F*****. (Extrait du *Journal des sciences militaires*.) Paris, 1888, broch. in-8.................................... 30 c.

De l'esprit militaire; par le colonel **Thomas**, d'après une conférence publique faite à Rambouillet le 25 mars 1888. (Extrait du *Journal des sciences militaires*.) Paris, 1888, broch. in-8.................. 75 c.

De la discipline en temps de paix et en temps de guerre; par le commandant **B...** (Extrait du *Journal des sciences militaires*.) Paris, 1880, broch. in-8. 1 fr.

Réflexions sur la discipline de l'armée française; par P. **Durand**, capitaine au 11ᵉ régiment d'infanterie. Paris, 1882, broch. in-8....... 1 fr. 50

La résurrection d'un peuple; par **Miles**, 1873. Broch. in-8........................... 1 fr. 25

Stratagèmes militaires et ruses de guerre, tirés des auteurs grecs, latins, français et étrangers, tant anciens que modernes. On y a joint des harangues et des discours mémorables, des mots heureux, des traits de bravoure, de grandeur d'âme, etc. 1826, 2 vol. in-32.. 4 fr.

Maximes de guerre et pensées de Napoléon Iᵉʳ, 5ᵉ édition revue et augmentée, 2ᵉ tirage. Paris, 1874, 1 vol. in-18........................ 3 fr.

Maximes de guerre du maréchal Gouvion-Saint-Cyr. Remarques, conseils, observations sur l'art militaire. (Extrait de ses œuvres.) Paris, 1875, 1 vol. in-32............................... 1 fr. 50

L'Agonistique. — Jeux actifs, exercices amusants, par le général **Lewal**. (Premier prix du ministère de l'Instruction publique dans le concours Bischoffsheim.) 1890, in-12 avec une planche.................. 2 fr.

L'armée en France. — Histoire et organisation depuis les temps anciens jusqu'à nos jours ; par **Dussieux**, professeur honoraire à Saint-Cyr. 3 vol. in-18 de 400 pages .... 10 fr. 50

Précis de la vie des grands capitaines (Epaminondas. — Desaix. — Cortez. — Kléber. — Pompée. — Moreau. — Alexandre. — Annibal. — Masséna. — César) ; par **de Colonjon**, chef d'escadron au 2ᵉ régiment de chasseurs d'Afrique. Paris, 1857, 1 vol. in-8 .... 3 fr. 50

Histoire abrégée des campagnes modernes jusqu'en 1880 ; par J. **Vial**, colonel d'état-major en retraite, ancien professeur d'art et d'histoire militaires à l'Ecole d'application d'état-major. 4ᵉ édition. Paris, 1886, 2 vol. in-8 et atlas de 51 planches..... 12 fr.

Étude sommaire sur les batailles d'un siècle ; par Ch. **Romagny** et Piales d'Axtrez, lieutenants-professeurs adjoints de tactique et d'histoire à l'Ecole militaire d'infanterie. Paris, 1890, 1 vol. in-4 avec un portefeuille également in-4 et renfermant 52 plans de batailles imprimés en couleurs.............. 15 fr.

Précis d'histoire militaire (Turenne, Condé et Berwick. — Frédéric II. — République et Consulat. — Premier Empire. — Armées contemporaines jusqu'au 2 septembre 1870) ; par M. E. **Dubail**, lieutenant au 81ᵉ régiment d'infanterie de ligne. Paris, 1879, 1 vol. in-12 avec joli atlas de 30 cartes stratégiques, plans de combats et batailles, en couleurs............. 8 fr.

Précis d'histoire militaire, deuxième et dernière partie. Guerre franco-allemande (1870-1871) [suite]. Guerre d'Orient (1877-1878); par M. E. **Dubail**, capitaine au 81ᵉ régiment d'infanterie de ligne. Paris, 1880, 1 vol. in-12 avec atlas oblong de 22 cartes et croquis................................... 15 fr.

Extrait des règlements en vigueur concernant l'armement et les munitions de l'infanterie, le démontage, le remontage et l'entretien du fusil (Modèle 1886) et l'instruction du tireur. Paris, 1891, 1 vol. in-18 cartonné............ 60 c.

L'instruction du tir dans la compagnie ; par H. **Gondré,** lieutenant, ex-professeur à l'École militaire d'infanterie. Paris, 1892, 1 vol. in-18 avec de nombreuses figures dans le texte.......... 2 fr. 50

Travaux de campagne. — **Cours réduit** à l'usage des sous-officiers d'infanterie, d'après la circulaire du 23 mars 1878 et l'instruction du 9 août 1890 ; par le capitaine adjudant-major **Schmitt.** Paris, 1892, 1 vol. in-12 avec 83 figures..................... 1 fr. 75

Marches, avant-postes et combat de l'infanterie. — **Etude de tactique** à l'usage des officiers de réserve et de l'armée territoriale; par le capitaine **J. de Monbrison,** du 18e bataillon de chasseurs. Paris, 1891, broch. in-18............................ 1 fr.

Petit traité élémentaire de topographie pratique, à l'usage des sous-officiers, caporaux et élèves ; par L. **Hennequin,** lieutenant d'infanterie. 2e *édit., revue, corrigée et augmentée.* Ouvrage couronné par la Société nationale de topographie pratique. Paris, 1889, broch. in-8...................... 50 c.

Manuel de gymnastique (gymnastique d'assouplissement et gymnastique appliquée, natation, boxe française, bâton et canne); approuvé par M. le Ministre de la guerre, le 26 juillet 1877. Paris, 1888, 1 vol. in-18 avec un grand nombre de figures. Cartonné toile.................................... 1 fr. 25

Manuel d'escrime, approuvé par M. le Ministre de la guerre, le 18 mai 1877. Paris, 1889, 1 vol. in-18 avec figures. Cartonné........................ 60 c.

www.ingramcontent.com/pod-product-compliance
Lightning Source LLC
Chambersburg PA
CBHW062231180426
43200CB00035B/1646